古典文獻研究輯刊

十二編

潘美月・杜潔祥 主編

第15冊

秦漢爰書研究

陳中龍 著

國家圖書館出版品預行編目資料

秦漢爰書研究／陳中龍 著 -- 初版 -- 新北市：花木蘭文化出
版社，2011〔民100〕
序 2+ 目 2+162 面；19×26 公分
（古典文獻研究輯刊 十二編；第 15 冊）
ISBN：978-986-254-408-2（精裝）
1. 司法文書 2. 訴訟程序 3. 中國法制史 4. 秦漢史
011.08 100000216

ISBN-978-986-254-408-2
9 789862 544082

古典文獻研究輯刊
十二編 第十五冊 ISBN：978-986-254-408-2

秦漢爰書研究

作　者　陳中龍
主　編　潘美月　杜潔祥
總 編 輯　杜潔祥
企劃出版　北京大學文化資源研究中心
出　版　花木蘭文化出版社
發 行 所　花木蘭文化出版社
發 行 人　高小娟
聯絡地址　新北市永和區中正路五九五號七樓之三
電話：02-2923-1455／傳眞：02-2923-1452
網　址　http://www.huamulan.tw 信箱 sut81518@ms59.hinet.net
印　刷　普羅文化出版廣告事業
初　版　2011 年 3 月
定　價　十二編 20 冊（精裝）新台幣 31,000 元

秦漢爰書研究

陳中龍　著

作者簡介

陳中龍，1970 年生，2005 年畢業於國立中正大學歷史學研究所，取得博士學位。主要從事秦漢史與出土資料研究。碩士論文為《秦漢爰書研究》，博士論文為《漢晉家族法制研究》，皆為秦漢法制史的重要課題，其他已發表論文近二十篇，亦以秦漢法制與出土資料為主要研究對象。

提　要

文獻資料中，「爰書」之名僅見於《史記・酷吏列傳・張湯傳》，(《漢書・張湯傳》所記與《史記》相同)，司馬遷在敘述張湯審理的鼠盜案時，逐一列出西漢的訴訟程序，其中之一為「傳爰書」。對於「傳爰書」的解釋，歷代學者意見分歧，導致這種結果的原因是文獻對「爰書」的記載太過於簡略，只憑文獻根本無法對「爰書」有任何深一層的認識。自簡牘陸續出土後，「爰書」的研究始有突破性的局面，尤其是雲夢睡虎地秦墓竹簡的出現，裡面的〈封診式〉有完整的爰書形式，可作為討論的重要資料。舊、新居延漢簡中，也提供不同的爰書名稱與內容，得增加爰書研究的深度。

藉由〈張湯傳〉已知爰書使用於訴訟程序中，因此從復原訴訟程序來理解爰書的功能與角色，是一種最直接的方式，本書也嘗試從這方面著手，並認為訴訟程序中的爰書，其功能主要有兩項，一是作為被告的申辯書，二是作為案件的調查報告書。但爰書並非只使用於訴訟程序之中，從居延漢簡所見的爰書名稱與內容發現，爰書可作為非訴訟案件的調查報告書，例如吏卒「疾病爰書」是證明吏卒生病而作為請假根據之文書，這類爰書未涉及訴訟案件，只作為下級的證明報告書。可見因簡牘的出土，不但增加爰書研究的深度，同時也擴充了研究的廣度。

目次

自 序

1992 年大學畢業前夕，已獲考取國立中興大學歷史學研究所之消息，甫進入研究所，即面臨研究對象的選擇與未來論文撰寫之挑戰，幾經思考，以爲自己在大學時期，尤著力於秦漢史，遂決定繼續以此斷代爲研究範圍，同時也徵得吳昌廉老師同意擔任指導教授。昌廉師之授課，特重前四史之研讀，出土資料則以簡牘爲重點，筆者也因此而選定了一個文獻與簡牘都曾出現的題目做爲研究主題，「秦漢爰書研究」便因此而產生。

1995 年 6 月，本論文通過考試，筆者隨即入伍服役，雖在服役的兩年期間，曾抽空修訂過此文，但時距今日，已過十餘年，這十餘年間，又有不少重要的資料出土，例如 2001 年出版部分漢代敦煌懸泉置漢簡，裡面有完整的爰書內容，張家山二四七號漢墓出土的《二年律令》，更涉及訴訟制度法規，也與爰書息息相關，這些資料對爰書的研究有不少幫助。當有新資料出現，理當於修訂時加入，但一方面考量這些資料的數量不少，全數加入則勢必面臨改寫之窘境。二方面則這些新資料雖然不少，但本論文的架構與內容，並不會因此而喪失掉眞實性，亦即本論文仍具存在之價值。三則本論文爲筆者個人的第一部專書，忠於原貌可重現自己的學術歷程。基於此，在得花木蘭出版社邀稿之際，遂以碩士論文原稿爲基礎，進行必要性之修訂，例如文句之通暢，論理之邏輯，可使讀者易於閱讀之處進行之。當然，十餘年前的研究程度，可謂初生之犢，錯誤必然有之，不過也足以作爲爰書研究之基礎。

二〇一〇年十二月　作者　謹序

第一章　緒　論

秦漢法律之研究，直到清代末期才有比較蓬勃的發展。有多位學者不斷從事秦漢律令的蒐集，鉅細靡遺的條列出律令條文，其中以沈家本的成就最爲可觀，另外薛允升、杜貴墀、張鵬一及程樹德，也都有相當程度的貢獻。不過，這些學者多致力於律令條文的輯佚工作，對於整體性的研究較少注意，導致這種研究結果的原因之一，是秦漢文獻中的法律資料零散，無法對法律史的研究做到完整與深層的地步。

文獻資料中，《史記・酷吏列傳・張湯傳》（以下省稱爲〈張湯傳〉）所記漢代張湯審理的鼠盜案乙事，爲首次記載「爰書」一詞的地方，除此之外，在短短的文中又簡述了前漢的訴訟程序，由此訴訟程序得知，漢代訴訟程序中必須使用「爰書」。然而，因漢代文獻記載過於片斷與疏略，所以想要進一步瞭解爰書就顯得相當困難。另外，就秦代的訴訟程序而言，以往的學者多從漢代文獻著手，以爲「漢承秦制」，因此也只能由記載已經不完整的史料中，去勾勒秦代的訴訟程序。

清代學者曾極力蒐集文獻中的漢代律令資料，〔註 1〕但從沈家本的成果來看，他所找到有關漢代訴訟程序的法律條文，如「囚律」與「具律」，〔註 2〕都未再發現記載爰書的資料，因此，若想從文獻資料來研究爰書，所得到的成果將是可預見的，因爲只憑文獻資料已不足以釐清爰書在訴訟程序中的角

〔註 1〕 兩漢之後從事漢律輯存工作者，可參見堀毅著，〈秦漢法制研究的歷史和現狀〉，收入氏著《秦漢法制史論考》，（北京：法律出版社，1988 年，第一版），頁 329 至 404。

〔註 2〕 見沈家本，《漢律摭遺》，收入氏著《沈寄簃先生遺書》，（北京：中國書店：1990 年，第一版），卷六，「囚律」，頁 623 至 635；「具律」，卷九至十一，頁 649 至 674。其中並未再對「爰書」提出解釋，因而只能從訴訟案的審理程序（配合《史記・張湯傳》的記載）來推衍「爰書」的角色。

色與功能，對於爰書的內容，就更談不上了。

新史料的出現，對傳統文獻不但有印證與補充的功用，甚至能提供文獻未曾提及的資料，對於秦漢法律史料的部分更是如此。秦漢的訴訟制度是法律史中的重要課題，但以往所知不多，甚至只能從文獻中得到一個概念，譬如訴訟程序中的「爰書」就是其中的一個例子。

新史料增加了對爰書的理解。以往從〈張湯傳〉得到的初步認識——「訴訟程序中將使用爰書」，只部份地解釋了爰書的功能，睡虎地秦簡的出土，為秦代（國）的法制史研究提供了一批珍貴而直接史料，其中的〈封診式〉就出現了多件爰書。〈封診式〉並非只是司法案件的記錄文書，它可能是作為獄吏處理案件時的案例法規。〔註3〕從其中的爰書內容分析，可確定案件發生時間者以〈亡自出〉條所記最晚，發生於秦王政四年（前243年）之後；〔註4〕另外可見到昭襄王時代的案件，如〈奪首〉條云：

> 奪首：軍戲某爰書：某里士五（伍）甲縛詣男子丙，及斬首一，男子丁與偕。甲告曰：「甲，尉某私吏，與戰刑（邢）丘城。今日見丙戲旞，直以劍伐痍丁，奪此首，而捕來詣。」診首，已診丁，亦診其痍狀。〔註5〕

秦國取邢丘城的戰役發生於昭王四十一年（前266年），〔註6〕下距秦統一六國（前221年）尚有四十五年，同時為商鞅任左庶長開始變法（前359年）後的九十餘年，可見〈奪首〉條所記確為戰國時事。另外，〈䙴（遷）子〉條記某父告其親子，要求官府將之斷足並流放到蜀郡邊縣。〔註7〕秦於惠文王後

〔註3〕見季勛，〈雲夢睡虎地秦簡概述〉，《文物》，1976年第5期，頁5。又以〈封診式〉所記爰書來看，案件的發生時間並不一致，故可視〈封診式〉為案例的匯集，目的在提供官吏治獄時之參考。

〔註4〕睡虎地秦簡〈封診式・亡自出〉條云：「四年三月丁未籍一亡五月十日」，查陳垣《廿史朔閏表》，秦王政四年三月有丁未，秦昭襄王四年三月則無丁未。可見〈亡自出〉條之案件發生於秦王政四年三丁未日之後。見睡虎地秦墓竹簡整理小組編，《睡虎地秦墓竹簡》，（北京：文物出版社，1990年，第一版），〈封診式・亡自出〉，第96至98簡，圖版頁76、77，釋文頁163。以下睡虎地秦簡皆以此版本為主，不再註出。

〔註5〕見睡虎地秦墓竹簡整理小組編，《睡虎地秦墓竹簡・封診式・奪首》，圖版頁71，釋文頁153。

〔註6〕見《睡虎地秦墓竹簡・編年記》，第41壹簡，云：「卌一年，攻邢丘。」圖版頁6，釋文頁5。

〔註7〕見《睡虎地秦墓竹簡・封診式・䙴子》，第46至49簡，圖版頁72、73，釋文

九年（前 316 年）遣大夫司馬錯伐蜀，滅之，置蜀郡，爾後，秦即常有遷罪者於蜀。〔註 8〕〈罨子〉條所云之事，當在秦滅蜀之後，故〈罨（遷）子〉比〈奪首〉的年代更爲提早。可見「爰書」已經使用於戰國時的秦國，秦漢只是承襲之而已。「爰書」出現於戰國時代，似與春秋末期以來，各國紛紛制定適用於「編戶齊民」的法律有關。蓋春秋晚期之前，封建國家的刑典缺乏法律的基本精神——公開性與一致性，刑罰的論定以自由裁量，「議事以制」爲原則；至春秋晚期，各國陸續制定法典，一方面將「編戶齊民」納入法律的規範中，另方面「編戶齊民」的法律權利也得到保障，遇有刑訟之事，得依法律條文的規定爭訟於官府。〔註 9〕制定法典之後，隨之而來的是因處理案件所產生的法律文書，「爰書」即是其中的一種。爰書的出現應是隨著秦國的變法而產生，但文獻記載卻直到漢代才出現「爰書」一詞。慶幸的是，睡虎地秦簡的出土，給了我們秦國時代的爰書內容，也證明了爰書早在戰國中期就已出現。

〈張湯傳〉雖出現「爰書」一詞，但關於爰書的內容卻不得而知，歷代學者多認爲爰書的內容是囚辭，即被告的供辭，但從〈封診式〉中的爰書內容來看，囚辭只是爰書內容的一部分，〔註 10〕另外還記錄了原告的訴辭、官吏的調查報告及審理案件的過程。若再針對爰書的功用來看，歷代以來多將爰書認定爲被告的申辯書，因而在訴訟程序中會使用到爰書，但是就〈封診式〉中的爰書而言，內容上雖然都是有關訴訟的案件，但並非所有的爰書都使用於訴訟程序之中，其他場合也有使用爰書的機會。

若再由漢代簡牘入手，會發現新史料的出現，使爰書的研究範圍更加擴大許多。漢代的爰書簡內容不但呈現多樣性，更有不同的爰書名稱，可劃分爲不同種類，其中雖不乏訴訟案件中的爰書，例如居延漢簡中的某些爰書，其功用恰與〈張湯傳〉所記的「爰書」相似，同屬於被告的申辯書，但大部分卻作爲下級單位之證明性質的上報文書，這類爰書較少、甚至不會涉及到訴訟案件。

頁 155。

〔註 8〕見《史記》（臺北：商務印書館，民國 77 年，臺六版），〈項羽本紀〉，卷七，云：「秦之遷人皆居蜀。」頁 114。以下《史記》皆以此版本爲主，不再註出。

〔註 9〕見杜正勝，〈傳統法典之始原〉，收入氏著《編户齊民》，（臺北：聯經書局，民國 79 年，初版），頁 236 至 260。

〔註 10〕見劉海年，〈秦漢訴訟中的「爰書」〉，《法學研究》，1980 年第 1 期，頁 54 至 55。

有關於這些問題，只能從出土簡牘中找到資料，因此可見其重要性。出土簡牘對於爰書的出現時間、爰書的內容及種類，都提供了文獻中未曾出現過的資料，因此對於訴訟案件中爰書的角色，有釐清的作用；更重要的是，若想完整理解秦漢的訴訟程序，就須藉由出土簡牘來進行補充的效果。本文的主要撰寫動機，便想藉由簡牘中的資料，對爰書作一比較整體性的討論。

日本學者對中國出土簡牘的研究不餘遺力，並已累積豐碩的成果。其中關於爰書的研究，有著重在簡文的釋讀與各種爰書簡的蒐集，藉此進一步歸納出爰書內容的書寫格式，最著名者莫過於大庭脩先生。不過，大庭氏的最終目的仍在解釋「爰書」一詞的意義。另外，有循著大庭氏的方法，歸納出不同的爰書內容格式者，籾山明即是如此。籾山氏的論文題爲〈爰書新探〉，並以〈漢代訴訟論のために〉爲副題，〔註 11〕可見他對學者的研究結果提出了質疑，並以訴訟案中的爰書爲對象進行探討。籾山氏的文中不止於討論訴訟案件中的爰書，對於居延漢簡所見的爰書實已大致論述。兩位日本學者在文中的論證精細，討論的焦點也很集中。例如以兩位學者尋找爰書內容格式的方法而論，大庭氏先藉由歸納居延漢簡中記載關於債務糾紛的內容著手，再行進一步分析，以取得爰書的內容格式。籾山氏卻直接由可確認的爰書內容著手，分析其中的特性，找出正確的格式，再擴及未能確認者，最後再評論大庭氏理解居延漢簡中爰書簡的方法，認爲藉由研究債務性文書的內容所獲得的爰書格式，仍有討論的空間。〔註 12〕

兩位日本學者討論的重心，皆在訴訟程序中的爰書，對於不關訴訟程序的爰書，較少論及。其中所使用的史料爲文獻與居延漢簡，對睡虎地秦簡〈封診式〉中的爰書，皆未採用。可見，二者對史料的運用範圍已有限制，不過文章中的論證之功，推斷之細，足爲筆者效法。

中國學者發表的相關論文，多所抒發，卻嫌疏闊。對於爰書內容的解釋方面，劉海年以睡虎地秦簡〈封診式〉的爰書爲主，介紹訴訟案件中的爰書內容，〔註 13〕擴大了「爰書」的意義。劉氏的討論重點，一方面著重於訴訟

〔註 11〕見籾山明，〈爰書新探——漢代訴訟論のために——〉，《東洋史研究》，第五十一卷，第三號，（平成四年十二月），頁 307 至 348。

〔註 12〕大庭脩的說法見氏撰、林劍鳴等譯，〈爰書考〉，收入大庭脩撰、林劍鳴等譯，《秦漢法制史研究》，（上海：人民出版社，1990 年），頁 502 至 520。

〔註 13〕見劉海年，〈秦漢訴訟中的「爰書」〉，《法學研究》，1980 年第 1 期，頁 54 至 55。

案件的爰書內容，一方面也討論秦漢時代的訴訟程序，不過，對居延漢簡所見的爰書，在內容方面卻未見說明，且又將其中的「秋射爰書」及「疾病爰書」二者，視爲訴訟案件中的爰書，此似有討論之空間。另外，有學者針對新居延漢簡 E.P.F 22：1 至 36 號簡（即〈建武三年十二月候粟君所責寇恩事〉簡冊，圖版簡影參見附錄一）進行討論，〔註 14〕此乃因該簡冊完整的記錄被告寇恩的「自證爰書」，因此學者相當重視這份史料。〔註 15〕研究此份簡冊，對訴訟程序中的爰書有相當的助益，不過該簡冊所記之爰書只是漢代爰書中的一種，因此若侷限於該簡冊，也無法完整地理解爰書的眞意及其功能。況且目前對該簡冊的研究，仍停留在釋讀簡文的階段，尚未將之與居延漢簡中的其他爰書相互比較，因此有單獨研究該簡冊之情況出現，進而造成片面的理解，例如該簡冊爰書中記有：「爰書驗問」之前，需先告知被告某些與案情相關的法律規定，這種形式在居延漢簡的其他爰書中也同樣存在，只是告知的律令內容不盡相同，可見應該要將含有告知律令內容的爰書作一比較，才能顯現出這類爰書的特性。另外，關於該簡冊及簡冊中四份文書的命名與案情的分析，以往的研究還有解釋不清的地方，本文也將進一步的說明。

有關「爰書」的原始資料，因傳統文獻未見記載，故全靠出土簡牘資料，本文在這方面的史料主要參考下列幾種：一、睡虎地秦簡：係根據睡虎地秦墓竹簡整理小組編，《睡虎地秦墓竹簡》中的圖版資料，〔註 16〕尤著重於〈封診式〉（圖版參見附錄二）與〈法律答問〉二者。〈封診式〉中除了〈治獄〉、〈訊獄〉、〈有鞫〉及〈覆〉四條，分別記載官吏審理案件的原則、審訊被告時的要求與

〔註 14〕〈建武三年十二月候粟君所責寇恩事〉簡冊之圖版簡影見《文物》，1978 年第 1 期，頁 20 至 23；同期有甘肅居延考古隊簡冊整理小組發表，〈「建武三年候粟君所責寇恩事」釋文〉，頁 30、31。簡冊中寇恩的自證爰書爲：E.P.F 22：1 至 20 簡及 E.P.F 22：21 至 29 簡。

〔註 15〕關於〈建武三年十二月候粟君所責寇恩事簡冊〉之釋文版本，目前所見有：甘肅居延考古隊簡冊整理小組，〈建武三年候粟君所責寇恩事釋文〉，《文物》，1978 年第 1 期，頁 30 至 31。陳祚龍，〈關於居延甲渠粟發與「客民」寇恩之辯訟及其「具獄」文書——雲樓校讀新近「出土」的簡牘札記之一〉，《簡牘學報》，第 11 期，頁 1320。許倬雲，〈跋居延出土的寇恩爰書〉，收入氏著《求古編》，（臺北：聯經出版社，民國 78 年），頁 607 至 617。大庭脩，〈補論：居延新出「候粟君所責寇恩事」冊書——爰書考補〉，收入氏著，《秦漢法制史の研究》，（京都：創文社，1982 年）。

〔註 16〕見睡虎地秦墓竹簡整理小組編，《睡虎地秦墓竹簡》，（北京：文物出版社，1990 年 9 月，第一版）。

必需對罪犯的犯罪行爲進行調查的程序之外，其他的二十一條皆記有爰書內容，且內容皆與訴訟案件之事相關，因此，〈封診式〉是研究秦代（國）爰書與訴訟程序的直接史料。〈法律答問〉者，有學者認爲是秦律的律說，功能在於解釋法律，其中有關解釋訴訟制度的條文，也是本文參考的重要史料。二、居延漢簡。在 1931 年出土部份，圖版係根據勞榦撰，《居延漢簡・圖版之部》爲主，〔註 17〕另輔以中國社會科學院考古研究所編，《居延漢簡甲乙編》，〔註 18〕釋文乃據謝桂華、李均明、朱國炤編，《居延漢簡釋文合校》。〔註 19〕對於 1931 年出土的居延漢簡，本文以舊居延漢簡稱之。舊居延漢簡的資料龐雜，其中爰書史料的重要性，在於首次出現多種爰書名稱與內容，這些爰書名稱與內容在睡虎地秦簡中並未出現，且性質也多不同於睡虎地秦簡的〈封診式〉。

此外，1972 至 1974 年出土的居延漢簡（本文稱爲新居延漢簡），目前圖版尚未取得，釋文係據文化部古文獻研究室、中國社會科學院歷史研究所、甘肅省文物考古研究所、甘肅省博物館編，《居延新簡》。〔註 20〕新居延漢簡中，就爰書的名稱及內容而言，除了舊居延漢簡已發現者外，又出現了更多的爰書名稱，採用之，更能完備的說明爰書的種類與內容。

從文獻上得知，爰書使用於訴訟程序中，所以由復原漢代訴訟程序著手，應爲理解爰書功能的方法之一。〈張湯傳〉所記訴訟程序，雖將審理訴訟案的程序一一寫出，但與其他文獻資料的記載類似，都只是簡單敘述之而已。因此，必須由出土簡牘史料來補充，例如湖北江陵張家山發現有關漢律的兩座漢墓：即 1983 年末發掘的 247 號〔註 21〕與 1988 年初的 336 號，〔註 22〕兩座墓葬出土的竹簡內容多涉及漢初的法律條文。其中三三六號墓出土的漢律竹

〔註 17〕勞榦撰，《居延漢簡・圖版之部》，（臺北：中央研究院歷史語言研究所，民國 66 年，再版），中央研究院歷史語言研究所專刊廿一。

〔註 18〕中國科學院考古研究所編輯，《居延漢簡甲乙編》，（北京：中華書局，1980 年，第一版）。

〔註 19〕謝桂華、李均明、朱國炤編，《居延漢簡釋文合校》，（北京：文物出版社，1987 年，第一版）。

〔註 20〕文化部古文獻研究室、中國社會科學院歷史研究所、甘肅省文物考古研究所、甘肅省博物館編，《居延新簡》，（北京：文物出版社，1990 年 7 月，第一版）。

〔註 21〕發掘報告見荊州地區博物館，〈江陵張家山三座漢墓出土大批竹簡〉，《文物》，1985 年第 1 期，頁 1 至 8。

〔註 22〕發掘報告見荊州地區博物館，〈江陵張家山三座漢墓出土大批竹簡〉，《文物》，1992 年第 9 期，頁 1 至 11。墓號已改正，爲 336 號。

簡約370餘枚，有律十五種，另有〈功令〉180餘枚，〔註23〕不過尙在整理階段，圖版亦未公佈，遂不得其詳。二四七號漢墓出土的竹簡達一千多枚，其中漢律簡約500餘枚，內容所及除漢律條文外，與法律相關者尙有〈奏讞書〉。（參見附錄三：〈奏讞書〉部份圖版簡影）〔註24〕此墓出土的漢律竹簡原爲一卷，於第一枚簡背面附有標題「二年律令」，另有「律令二十□種」及「津關令」等篇題。〔註25〕整理小組根據出土情況及簡文內容來恢復簡的排列順序，已知律令名稱中雖與睡虎地秦簡所見者大略相同，但卻含有漢律中最重要的「賊律」與「盜律」，而這正是睡虎地秦簡所缺乏者。另有與訴訟制度相關的「告律」、「捕律」、「具律」等，剛好可補充對訴訟程序的理解。「具律」條文中有詳細規定治獄量刑各個方面的記載，某些條文更針對原告、證人或被告，如告不審、證不言請以及乞鞫之類。〔註26〕江陵張家山二四七號漢墓出土漢律，似可補充漢代訴訟程序及爰書之研究，不過尙賴該批竹簡之刊佈，始可進一步論斷。

張家山二四七號漢墓出土的〈奏讞書〉竹簡，雖然圖版尙未刊佈，但整理小組已將其全部簡文釋出，且已發表。由簡文所見，上讞案例的書寫格式中，已將訴訟案件的審理程序一一道出，只要再配合每個案件的內容來看，則訴訟程序的每一個過程所代表的意義，便可清楚的分析出來。另外，睡虎地秦簡與居延漢簡對於訴訟程序的理解也有相當大的幫助，例如睡虎地秦簡

〔註23〕見李學勤，〈論張家山二四七號墓漢律竹簡〉，收入氏著《簡帛佚籍與學術史》，（臺北：時報文化出版社，民國83年，初版），頁208。

〔註24〕有關江陵張家山二四七號墓出土竹簡內容的介紹，除可參見〈江陵張家山三座漢墓出土大批竹簡〉之發掘報告外，另可見彭浩，〈江陵張家山漢墓出土大批珍貴竹簡〉，《江漢考古》，1985年第2期，頁1至3；李學勤，〈江陵張家山漢簡概述〉，收入氏著《簡帛佚籍與學術史》，頁193至207。有關二四七號漢墓之〈奏讞書〉部份，釋文見江陵張家山漢簡整理小組，〈江陵張家山漢簡「奏讞書」釋文〉（一），《文物》，1993年，第8期，頁22至25。1995年第3期，頁31至36。有關其內容介紹部份，可見李學勤，〈「奏讞書」解說〉（上），《文物》，1993年第8期，頁26至31；李學勤，〈「奏讞書」初論〉，收入氏著《簡帛佚籍與學術史》，頁216至227，此文爲其上文之修訂版；李學勤〈「奏讞書」解說〉（下），《文物》，1995年第3期，頁37至42；彭浩，〈談「奏讞書」中的西漢案例〉，《文物》，1993年第8期，頁32至36；彭浩，〈談「奏讞書」中秦代和東周時期的案例〉，《文物》，1995年第3期，頁43至47。

〔註25〕見李學勤，〈江陵張家山漢簡概述〉，收入氏著《簡帛佚籍與學術史》，頁194。

〔註26〕見李學勤，〈論張家山二四七號墓漢律竹簡〉，收入氏著《簡帛佚籍與學術史》，頁211。

中的〈法律答問〉就分別記載了告發的方式、對象以及告發時的各項規定;〈封診式〉則是各種案例的匯集，且於案例中記載了審理過程。居延漢簡方面，因〈張湯傳〉所記之訴訟程序中有「傳爰書」一項，因此藉由居延漢簡所記各職官的文書往來，可概略地勾勒出「傳爰書」的情況；新居延漢簡又有完整的劾狀，這是以往資料中所未出現者，無疑的對漢代訴訟程序的研究有相當大的幫助。這些新出土的資料，對於本文的研究都有極大的助益。

在資料的使用上，由出土簡牘入手，再與文獻資料相互印證，是學者慣用的研究方法。本文先從尋找出土簡牘中的爰書及分類其名稱著手，再歸納、分析所得之爰書簡，依簡文內容分別其種類，以釐清以往認為「爰書」只適用於訴訟程序的意見。另外，再以訴訟程序為討論重點，分析「爰書」在其中的角色與地位。然而，爰書是秦漢文書的一種，因此在討論其角色時，應與其他文書做一比較，以顯示其獨特性。如居延漢簡所見之「簿」、「籍」，就其發送之邊塞組織單位而言，隧有隧之簿籍、部有部之簿籍、候官有候官之簿籍，〔註 27〕但「自證爰書」卻是由驗問單位製發。再以「簿」、「籍」之發送時間而言，則亦有定期製發者，〔註 28〕但「自證爰書」係在案件需要時便予製發，這都是爰書自別於其他文書的地方。不過，爰書之製發，亦有以月份為單位來統計驛馬病死者，如居延漢簡 96.1 簡云：

●始建國四年（西元 12）正月驛馬病死爰書。〔註 29〕

此簡標示王莽始建國四年正月驛馬病死爰書，以月份為時間單位，統計該月內驛馬病死的情況，此爰書或為定期製發者，若是，則爰書亦有以機構為單位而定期製發者。由於簡牘的出土地點與時間不一，使筆者在運用史料時遇到限制，解決之道係力求輔以文獻資料相互印證，不過，當簡牘史料的眞實性高於文獻時，在取捨史料的過程中，簡牘占有重要的地位，這是本文所呈現的特色之一。

前賢時彥研究秦漢時代爰書者，多屬局部性探討，或撰為單篇論文，筆者在此作整體性研究，實為一種新嘗試，故面臨的問題也增加。就目前發現的爰書簡而言，因其所代表的時間與空間性關連還無法完全連貫起來，以致

〔註 27〕 見吳昌廉師，〈居延漢簡所見之「簿」「籍」述略〉，《簡牘學報》，第 7 期，(1980)，頁 163。

〔註 28〕 同上註。

〔註 29〕 勞榦撰，《居延漢簡・圖版之部》，(臺北：中央研究院歷史語言研究所，民國 66 年，再版)，中央研究院歷史語言研究所專刊廿一，圖版頁 96。

於在整理爰書內容的演變時，勢需費一番功夫，且只能就所知者分析之，其疏略在所難免。本文所討論的時間與空間範圍，因出土史料的限制，以睡虎地秦簡〈封診式〉中的爰書而論，最早應從戰國早期開始，最晚則到秦始皇三十年（前2177）爲止（依睡虎地秦簡〈編年紀〉所記之最晚時間爲準）；又睡虎地秦簡發掘於今日湖北省雲夢縣城西，秦時屬南郡安陸縣境，因此在空間上也不足以代表整個秦國或秦代。不過若將〈封診式〉視爲秦代治獄案件的範例，則其代表性意義亦將提高不少。

再就居延漢簡而言，舊居延漢簡所記者，多爲西漢中期以後的資料，若再補充新居延漢簡，則至多只能對後漢初期的爰書形式有所了解；且居延漢簡代表的是地區性史料，因此，其中的爰書形式或許只適用於漢代居延地區而已。總之，筆者撰寫本文時，因受出土簡牘史料的限制，在討論的時間上，蓋以戰國的早期開始，至後漢初期爲止，空間上則以簡牘的出土地爲準。

前人研究秦漢律令，多著重於政府對人民單向方面的解釋，忽略人民本身對於律令的態度，本文將兼述人民與政府的互動關係，如居延漢簡中的「自證爰書」，顯示民間發生債物糾紛時，官府即以執行法律爲由，介入民間的債物活動，故作爲司法文書之一的爰書，不但傳送於官府之間，亦使用於官、民之間。

秦漢簡牘的出土，無疑是一項瑰寶史料，它不但提供新的資料，更開創新的研究範圍，爰書的研究就是其中的一個例子。研究秦漢爰書，除了對以往不爲人知的爰書種類、內容及格式有所幫助外，對訴訟程序來說，更有莫大的助益。

居延漢簡259.1簡，據勞榦，《居延漢簡・圖版之部》，頁349縮小影印

居延漢簡96.1簡，據勞榦，《居延漢簡・圖版之部》，頁96縮小影印

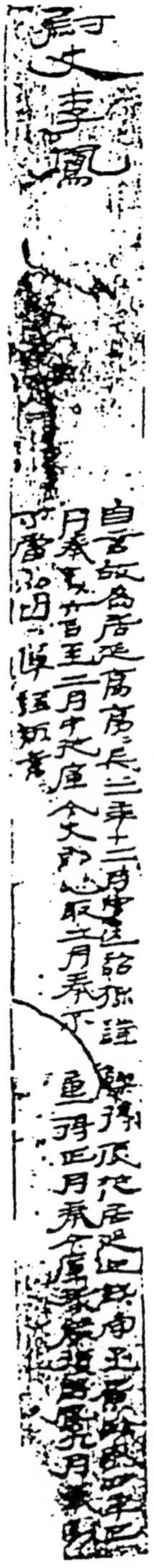

居延漢簡178.30簡，據勞榦，《居延漢簡・圖版之部》，頁289縮小影印

居延漢簡227.15簡，據勞榦，《居延漢簡・圖版之部》，頁318縮小影印

第二章　爰書定義之考辨

第一節　爰書的定義

「爰書」爲秦漢時代一種特定文書的名稱，不但適用於當時的政府機關，亦得行使於百姓與政府之間。傳統的看法以爲爰書是記錄囚犯供辭的文書，並且使用於訴訟程序之中，這種見解來自歷代對〈張湯傳〉中「傳爰書」〔註 1〕一詞的解釋。不過隨著新史料的出土，從爰書簡可確知，訴訟案件中的爰書內容不但記錄囚犯的口供，同時也記載官吏對案件提出的意見或判決，甚至還記錄官吏的調查報告；另外，爰書的作用也不完全使用於訴訟案件之中，凡下級官吏欲說明或證明某事時，亦得使用爰書。

以往對爰書的瞭解只能從〈張湯傳〉中獲得初步的認識，直到秦漢簡牘陸續出土，及學者對簡文的釋讀與研究後，始逐漸彌補此項缺憾。1930 年代

〔註 1〕見《史記・酷吏列傳・張湯傳》，（臺北：商務印書館，民國 77 年 1 月，臺六版），卷百二二，頁 1134。其云：「其父爲長安丞，出，湯爲兒守舍；還，而鼠盜肉，其父怒，笞湯，湯掘窟得盜鼠及餘肉，劾鼠掠治，傳爰書，訊鞫論報，并取鼠與肉具獄磔堂下」。《漢書・張湯傳》，（臺北：商務印書館，民國 70 年，臺五版），卷五九，頁 744。云：「其父爲長安丞，出，湯爲兒守舍；還，鼠盜肉，父怒，笞湯，湯掘熏得鼠及餘肉，劾鼠及掠治，傳爰書，訊鞫論報，并取鼠與肉具獄磔堂下。」以上分別爲《史記》與《漢書》記載張湯審理鼠盜案之內容，其中《漢書》省略一「盜」字，《史記》云：「得盜鼠及餘肉」，《漢書》省云：「得鼠及餘肉」，但鼠者多矣，而盜肉者可能只有少數，因此司馬遷分別出盜與不盜之鼠，盜者治罪，不盜者無罪，故特加一「盜」字，以明何者爲罪犯之意。

陸續出土的居延漢簡，是提供理解漢代爰書的首批資料，而1970年代發掘的雲夢睡虎地秦墓竹簡資料，使學者有機會見到更早時期的爰書形式，此外，1990年文物出版社印行的《居延新簡》，〔註2〕發表了1972～74年出土的居延漢簡簡文，使學者不但獲得更充份的史料來解釋爰書，其中更出現完整的爰書簡冊，讓研究者能就其內容進行司法訴訟程序的分析。其他爲數較少或早已出土的秦漢簡牘，對爰書的研究亦有一定程度的貢獻，例如敦煌漢簡亦出現爰書簡。所以，若無新史料的出土，有關爰書的研究將無法進行下去，對爰書的瞭解也只能停留在只知道這個名詞，以及漢代治獄時將使用到它的層面，若想要進一步理解，都是不可能的。

一、文獻所見之定義

史籍中最早出現「爰書」一詞，是在〈張湯傳〉中記載漢代張湯審理的鼠盜案，這也是傳統上直接理解漢代「爰書」的唯一史料。張湯爲武帝時人，曾任廷尉、御史大夫，元狩六年（前117）有罪自殺。〈張湯傳〉記：

其父爲長安丞，出，湯爲兒守舍。還而鼠盜肉，其父怒，笞湯，湯掘窟得盜鼠及餘肉，劾鼠掠治，傳爰書，訊鞫論報，并取鼠與肉，具獄磔堂下。父視之文辭如老獄吏，大驚，遂使書獄。〔註3〕

這段記載不但首次出現「爰書」一詞，同時也論及漢代的司法訴訟程序，依次爲追捕罪犯，向被告提出罪狀，根據罪狀驗問被告，將被告供辭寫成爰書並傳報之，依爰書詰問罪行，以罪行判處刑罰及執行刑罰。王先謙《漢書補注・張湯傳》歸納爲「文辭劾一也，爰書二也，論報三也，三事具而獄成矣。掠治迺有爰書，訊鞫然後論上。」〔註4〕對於〈張湯傳〉的「傳爰書」一詞，歷來解釋紛紜，其中對「爰」字或「爰書」一詞的註解如下，裴駰集解引蘇林曰：

爰，易也，以此書易其辭處。〔註5〕

顏師古注云：

爰，換也，以文書代換其口辭也。〔註6〕

〔註2〕文化部古文獻研究室、中國社會科學歷史研究所、甘肅省考古研究所、甘肅省博館編，《居延新簡》，（北京：文物出版社，1990年7月，第一版）。以下引用新居延漢簡時，釋文頁數皆據此書。

〔註3〕見《史記・張湯傳》，卷百二二，頁1134。

〔註4〕見王先謙，《漢書補注・張湯傳》，（臺北：藝文印書館），卷五九，頁1222。

〔註5〕見《史記・張湯傳》，卷百二二，頁1134。

王先謙云：

傳爰書，傳囚辭而著之文書也。〔註7〕

蘇林及顏師古皆注「爰」爲「代替」之意，代者指代換口供成爲書面文字的意思，作動詞。王先謙則將「爰書」一詞與「傳」字一起注解，亦指將口詞寫成文書。三者中蘇林與顏師古以「其」字表示被代換口辭者爲盜鼠，王先謙則直言代換的是「囚辭」。三家皆以囚辭爲代換的內容，而囚者，在此指盜鼠。司馬貞索隱注「傳爰書」曰：

韋昭云：爰，換也。古者重刑，嫌有愛惡，故移換獄書，使他官考實之，故曰傳爰書。〔註8〕

司馬貞引韋昭注「爰」爲「換也」，指將治獄文書交與他官考實之意，但卻未明確的解釋「爰書」的意義，其中若以「獄書」視之，則爰書的內容尚不止於囚辭而已。韋昭又認爲「傳爰書」意指移換「獄書」使他官考實，但尚未「具獄」，何來考實之事？此程序不合也。且新居延漢簡〈建武三年十二月候粟君所責寇恩事〉簡冊中，都鄉嗇夫宮寫成「乙卯爰書」及「戊辰爰書」後，〔註9〕亦未見移換他官考實之事。此外，劉奉世注「爰書」云：

趙高作爰歷，教學隸書，時獄吏書體蓋用此，故從俗呼爲爰書。〔註10〕

《漢書·藝文志》記：「《爰歷》六章者，車府令趙高所作也。」〔註11〕劉氏提出另一種解釋，認爲稱「爰書」是因獄吏慣用《爰歷》的結果。不過趙高任中車府令已是秦王政及始皇時期，當時爰書早已出現，如睡虎地秦簡〈封診式〉的〈奪首〉條云：「與戰刑（邢）丘城」，表示此案發生在昭襄王四十餘年時，且案件又以「軍係某爰書」的形式記錄下來，〔註12〕因此劉氏以趙

〔註6〕見《漢書·張湯傳》，卷五九，頁744。

〔註7〕見王先謙，《漢書補注·張湯傳》，卷五九，頁1222。

〔註8〕見《史記·張湯傳》，卷百二二，頁1134。

〔註9〕圖版簡影係據甘肅省居延考古隊簡冊整理小組刊布於《文物》，1978年第1期，頁20至23。簡冊中E.P.F 22：1至20簡爲「乙卯爰書」，E.P.F 22：21至29簡爲「戊辰爰書」。

〔註10〕轉引自瀧川龜太郎，《史記會注考證·張湯傳》，（臺北：宏業書局，民國64年，再版），卷百二二，頁1263。

〔註11〕見《漢書·藝文志》，卷三十，頁441。

〔註12〕見睡虎地秦墓竹簡整理小組編，《睡虎地秦墓竹簡》，（北京：文物出版社，1990年，第一版），〈封診式·奪首〉，第31至33號簡，圖版頁71，釋文頁153。

高作《爰歷》來解釋爰書的起源，或只能聊備一說而已。

綜合諸家對「爰書」一詞的解釋，以代換口辭爲文書的說法最接近原意，但若將內容限定爲囚辭，則縮減了爰書內容應該涵蓋的範圍。不過從文獻中已能得知，囚辭是爰書內容的一部份，但何人將口辭代換爲文書呢？在鼠盜案中應該是張湯，張湯扮演驗問官吏的角色，將供辭寫成了文書，因而可進一步推斷，爰書是由官吏寫成的。

歷代學者多將「爰書」作一詞解釋，以爲「書」亦指文書之意而已，但吳福助先生由睡虎地秦簡推論，進一步將「書」解釋爲公文之意。吳氏言：

> 睡虎地秦簡「書」字凡五十餘見，除〈法律答問〉中的「投書」（簡五三號）一詞指匿名書信、「棄妻不書」（簡一六九號）作動詞，〈語書〉「別書江陵」（簡八號）、「使有籍書之」（簡一四號）亦作動詞外，其餘均作名詞，指公文而言。〔註 13〕

其他又如居延漢簡所記地方政府的文書名稱如「府書」指太守府或都尉府下達的公文，〔註 14〕「應書」（47.6A 簡，圖版頁 46）指下級機關回覆上級的公文，〔註 15〕「檄書」、「牒書」、「舉書」，其「書」字皆含有公文之意。因此從出土簡牘所見各政府機關之間文書的傳達，簡文多以「某書」表示之，而「爰書」的傳達亦需經過政府機關，因此其「書」字也應該指公文之意。既然「爰」爲代換口辭的意思，「書」指公文，則「爰書」最少應指驗問官吏代換被告口辭所寫成的公文，它也是用於下級對上級或官府對官府之間所使用的一種文書形式。〔註 16〕

二、出土簡牘所見之定義

從歷代學者對「爰書」的解釋中，可看出三國以後的學者對「爰書」一詞的意義已感到模糊，後人再根據他們的解釋，更無法清楚地認知爰書的本

〔註 13〕見吳福助，〈「語書」論考〉，收入氏著《睡虎地秦簡論考》，（臺北：文津出版社，民國 83 年 7 月，第一版），頁 66。

〔註 14〕見居延漢簡 35.8A 簡，圖版頁 130；133.14 簡，圖版頁 205，圖版頁係據勞榦撰，《居延漢簡．圖版之部》，（臺北：中央研究院歷史語言研究所，專刊廿一，民國 66 年，再版）。以下引用舊居延漢簡時，圖版頁數皆以此書爲準，並以「圖版」簡稱之。

〔註 15〕見薛英群，〈漢簡官文書考略〉，收入甘肅省文物工作隊、甘肅省博物館編，《漢簡研究文集》，（甘肅：人民出版社，1984 年，第一版），頁 258 至 297。

〔註 16〕見劉海年，〈秦漢訴訟中的「爰書」〉，《法學研究》，1980 年第 1 期，頁 56。

意。1975 年底發掘的睡虎地秦墓竹簡，直接提供了研究秦國（代）訴訟案件中的爰書史料，劉海年首次係統性地將睡虎地秦簡中的爰書資料綜合分析，結果顯示「爰書」是包括司法訴訟案件和與之相關的材料的文書，擴大了爰書內容的解釋。

劉海年認爲爰書的內容大概包括了六項，(1)官方記錄或摘抄的訴辭；(2)官府記錄或摘抄的自首材料；(3)被告人的口供記錄；(4)現場勘查或法醫檢驗的記錄以及報告書；(5)司法官吏對案件判決或關於案件某一項決定執行情況的報告書；(6)案情綜合報告書。〔註 17〕從劉氏的歸類可知，其採用的史料皆來自睡虎地秦簡〈封診式〉中的爰書，〈封診式〉是治獄案例的集成，故其中的內容皆與訴訟案件相關。

從文獻中得知，囚犯的供辭爲爰書內容之一，這從居延漢簡的「自證爰書」亦可得到印證，如新居延漢簡〈建武三年十二月候粟君所責寇恩事〉簡冊中的「乙卯爰書」與「戊辰爰書」，其中大部分的內容即是被告寇恩的口供記錄，且這兩份爰書的性質都屬於寇恩的申辯書。〔註 18〕另外，〈失鼓冊〉〔註 19〕中亦見驗問官吏將被告口供代換成文書，其簡文云：

(1) 建武四年（西元 28）三月壬午朔丁酉（十六日），萬歲候長憲□☐

(2) 隧謹召恭詣治所，先以證縣官城樓守衙（御）☐。(E.P.F 22：328) 而不更言請，辭所出入罪反罪之律辨告，及爰書驗問。恭辭曰：上造居延臨仁里，年廿八歲，姓秦氏，往十餘歲父母皆死，與男同產兄良異居。以更始三年五月中除爲甲渠吞遠隧長，(E.P.F 22：330)

(3) 代成則，恭屬尉朱卿、候長王恭。即秦恭到隧視事，隧有鼓一受助吏時尚，鼓常懸塢户內東壁，尉卿使諸吏旦夕擊鼓。積二

〔註 17〕同上註，頁 54 至 55。

〔註 18〕〈建武三年十二月候粟君所責寇恩事〉簡冊的「乙卯爰書」及「戊辰爰書」中，除都鄉嗇夫宮記錄寇恩的供辭外，尚有嗇夫宮告知寇恩的律令內容及其「決言」。

〔註 19〕據初師賓、蕭亢達，〈居延漢簡中所見漢代「囚律」佚文考——〈居延新簡「責寇恩事」的幾個問題〉的訂補〉，《考古與文物》，1984 年第 2 期，頁 98。文中稱新居延漢簡 E.P.F 22：328 至 332 簡爲〈失鼓冊〉，今從之。見《居延新簡》，頁 498、499。不過據簡文內容推測 E.P.F 22：556 與 E.P.F 22：694 皆應屬〈失鼓冊〉。

歲，尉罷去、候長恭甘庠免，鼓在隧。恭以建武三年八月中（E.P.F 22：331）

（4）徙補第一隧長。至今年二月中，女子齊通耐自言責恭鼓一。恭視事積三歲，通耐夫當未□□□□鼓□將尉卿使執胡隧長李丹持當隧鼓詣尉治所，恭本不見丹持鼓詣呑（E.P.F 22：694）

（5）遠，爰書自證，證知者李丹、孫詡皆知狀。它如爰書。（E.P.F 22：556）

（6）建武四年三月壬午朔己亥（十八日），萬歲候長憲敢言之，官記曰：第一隧長秦恭，時之俱起隧取鼓一，持之呑遠隧。李丹、孫詡證如狀。驗問具言前言狀。●今謹召恭詣治所驗。（E.P.F 22：329）

（7）☐……皆知狀，恭不服取鼓，爰書。（E.P.F 22：332）〔註 20〕

知〈失鼓冊〉爰書中，從簡（2）的「恭辭曰」之後，至簡（5）的「它如爰書」爲止，記錄了秦恭的口供，爲秦恭的申辯之詞。因此，依蘇林、顏師古及王先謙注「爰書」爲代換囚辭之文書的意見，或可將〈張湯傳〉所記的「爰書」比爲居延漢簡的「自證爰書」，同樣具有被告申辯之意。不過，從睡虎地秦簡〈封診式〉的爰書來看，官吏代換的內容並不止於囚辭，況且「自證爰書」中也不僅限於被告的口供記錄；因此，若以劉海年歸類〈封診式〉的爰書內容爲準，則其歸納出的前三項可視爲訴訟案件中官吏所代換的內容。

從〈封診式〉的爰書來看，凡與訴訟案件相關的報告文書，亦可以爰書行之，如〈封守〉條的「鄉某爰書」是鄉中主官回報縣丞要求查封有鞫者家產的文書。〔註 21〕〈賊死〉條的「令史某爰書」爲令史調查遭賊殺者的報告書。〔註 22〕〈經死〉條的「令史某爰書」、〔註 23〕〈穴盜〉條的「令史某爰書」〔註 24〕及〈出子〉條的「丞乙爰書」，〔註 25〕都是案情調查結果的報告文書。

〔註 20〕〈失鼓冊〉中，E.P.F 22：328 至 332，於《居延新簡》，頁 513；E.P.F 22：693，於《居延新簡》，頁 521。

〔註 21〕見《睡虎地秦墓竹簡》，〈封診式・封守〉，第 8 至 12 簡，圖版頁 69，釋文頁 149。

〔註 22〕同上註，〈封診式・賊死〉，第 56 至 62 簡，圖版頁 73 至 74，釋文頁 157。

〔註 23〕見《睡虎地秦墓竹簡》，〈封診式・經死〉，第 63 至 72 簡，圖版頁 74，釋文頁 158 至 159。

〔註 24〕同上註，〈封診式・穴盜〉，第 74 至 83 簡，圖版頁 75，釋文頁 160。

〔註 25〕見《睡虎地秦墓竹簡》，〈封診式・出子〉，第 86 至 90 簡，圖版頁 76，釋文頁 161 至 162。

這些爰書的內容就如劉海年歸納的第四及第五項。〔註 26〕此類訴訟案件中的爰書，均是下級官吏的上報文書，爲官吏主動撰寫者，不由他人代筆，故無代換其辭之事。總之，在訴訟案件中並非只有紀錄被告口供的爰書，另有官吏上報與案情相關的爰書，亦即有兩種爰書，一是被告的「自證爰書」，一是官吏的報告爰書。所以，蘇林、顏師古及王先謙將「爰書」解釋爲代換盜鼠口供的文書，不但縮減了爰書的內容，也混淆了爰書的意義。

綜上所述，以出土簡牘所見訴訟案件中的爰書而論，雖然爰書有紀錄囚犯或被告的供辭，但大部份內容卻非因代換口辭而來，所以，或可進一步將爰書視爲一種記錄訴訟案件的文書，如江陵張家山二四七號漢墓出土〈奏讞書〉中的第 16 個案例云：

> ●淮陽守行縣掾新郪獄，（漢高祖六年）七月乙酉新郪信爰書，求盜甲曰：「從獄史武備盜賊，武以六月壬午出公梁亭，至今不來，不智（知）在所，求弗得。公梁亭校長丙坐以頌毄（繫），毋毄（繫）牒，弗竊訊。」〔註 27〕

案例中新郪信的爰書紀錄了求盜甲的說辭及案件的處理情況，可見此處之爰書作爲紀錄訴訟案件之用。

居延漢簡又出現另外一類爰書，這類爰書在內容上並不紀錄訴訟案件，而只作爲向上級證明或說明某事之用，如「秋射爰書」即是。E.P.T 53：138 云：

> 甘露二年（前 52）八月戊午朔丙戌，甲渠令史齊敢言之，第十九隧長敞自言當以令秋射署功勞，即石力發弩矢□弩臂皆應令。甲渠候漢彊、守令史齊署發中矢數于牒，它如爰書，敢言之。〔註 28〕

第十九隧長敞曾向甲渠候官提出「石力發弩矢□弩臂皆應令」的申覆案，因此甲渠候長漢彊及守令史齊注明敞的中矢數於牒，證明敞的秋射成績。另外又如「毆殺爰書」，亦在證明或報告某事，E.P.T 57：85 云：

> □□寅，士吏強兼行候事敢言之，爰書：戍卒潁川郡長社臨利里樂德、同縣安平里家橫告曰：所爲官牧橐他戍，夜僵臥草中，以□行。謹案德、橫到橐它尉推辟，謹無刀刃木索迹，德、橫皆證所言。它

〔註 26〕見劉海年，〈秦漢訴訟中的「爰書」〉，《法學研究》，1980 年第 1 期，頁 56。

〔註 27〕見江陵張家山竹簡整理小組，〈江陵張家山漢簡《奏讞書》釋文〉（一），《文物》，1993 年第 8 期，頁 24 至 25。

〔註 28〕見《居延新簡》，頁 290。

如爰書。〔註29〕

士吏強以此爰書分別記載樂德與家橫的訴辭及其調查的結果，並證明其調查無誤後，才以此爰書向上報告。又如有傳馬死亡，亦以爰書報告，敦煌漢簡1301云：

神爵二年（前60）十一月癸卯朔乙丑，懸泉廄佐廣德敢言之，爰書：廄御千乘里畸利謹告曰：所使食傳馬一匹，騧牝左剽入，坐肥，齒二歲，高三尺一寸，□頭□柱送日逐王，乘至冥安病死。即與御張乃始V冷定褋診，馬死，身完，毋兵刃木索迹，病死。審證之。它如爰書，敢言之。〔註30〕

此乃因畸利告所乘傳馬於路途中病死，懸泉廄佐廣德遂以此爰書報告，證明經檢驗結果顯示此馬確爲病死。以上所引，知爰書可作爲證明某事的文書，其內容並不關訴訟案件之事。

另外，又有以爰書上報說明某事者，如E.P.F 22：700云：

建武桼年（西元31）十月辛酉朔壬戌，主官令史譚敢言之，爰書：不侵候長居延中宿里□業，主亭隧七所，呼呼不繕治。
言之。〔註31〕

主官令史譚以爰書上報說明不侵候長主亭隧七所，卻不加修補之事。E.P.F 22：689亦云：

▨兵弩不檠持。案業軟弱不任吏職，以令斥免。它如爰書，敢。〔註32〕

由新居延漢簡的劾狀中得知，「案」之後接對某事的判決語的體例，意思爲官吏已對某事進行調查之後而下的結語，〔註33〕故此簡所云「案」之後的判決語，爲歸納所述內容後之結語，可見上報此爰書的目的，是在說明調查的結果。總之，就居延漢簡所見的爰書，除自證爰書當作訴訟案件中被告之申辯書外，其它種類的爰書並不使用於訴訟案件中，而是作爲向上級證明或說明某事之文書。因此，蘇林、顏師古及王先謙將〈張湯傳〉中的「爰書」解釋爲代換囚辭的文書，其最大限度，只能將之比爲居延漢簡中的自證爰書，而

〔註29〕同上註，頁343。
〔註30〕見甘肅省文物考古研究所編，《敦煌漢簡》，（北京：中華書局，1991年，第一版），圖版頁138。
〔註31〕見《居延新簡》，頁522。
〔註32〕同上註，頁521。
〔註33〕新居延漢簡的劾狀見E.P.T 68探方，《居延新簡》，頁456至467。

訴訟案件中的其他上報爰書與證明或說明某事的爰書，在內容上皆非代換口辭而來，而是上報官吏主動撰寫者。

三、爰書的性質

劉海年先生將居延漢簡中的「吏卒病死爰書」、「秋射爰書」及「驛馬爰書」認爲亦屬訴訟之事，〔註 34〕然而，這三種爰書中，除「秋射爰書」略帶有向上級訴申訴的意味之外，其他兩種，就如前所述，只在證明某事，實無關訴訟之事。居延漢簡 255.40A 云：

> 元康四年（前 62）三月戊子朔甲辰，望泉隧長忠敢言之，候官謹寫移病卒爰書一編敢言之。（圖版頁 36）

漢代邊塞戍卒負有防衛敵人之職，不得無故請假，遇有吏卒患病無法任職時，須以文書向上報告，故有移「病書」之事，〔註 35〕「病卒爰書」則用來向上級證明或說明患病情況而請假。若遇吏卒病死，更須移「吏卒病死爰書」，證明吏卒病死之事，並要求儘速補缺。因此，「病卒爰書」與「吏卒病死爰書」亦是證明性文書，並不帶刑訟意味。

陳槃先生認爲爰書具備兩種性質，一爲自辨書，一爲證書。又以爲自辨書其間亦兼引證；而證書則未必即兼論辨。〔註 36〕陳槃先生的文章敘述簡短，所引簡文亦未進行分類，數量稍爲不足，因此無法看出陳氏的論辯過程。陳氏又認爲簡牘中含有「皆證也，如爰書」、「不服、爰書自證」、某債某「不服，移自證爰書」及「●右自證爰書」等簡文的爰書，皆爲自辨書，而有「病死物爰書」簡文者，則爲證書。可是，大庭脩對陳槃先生文中引用的十七枚居延漢簡，是否皆爲爰書簡，及作出爰書具有這兩種性質的看法是否正確，提出了質疑。大庭氏的評論中，認爲這十七枚爰書簡，有相當於簡冊的表題或尾題簡，有作爲爰書的發送簡，有作爲發文紀錄之簡，因此這十七枚簡雖有「爰書」字樣，卻無法將其全部都視爲爰書簡。〔註 37〕而爰書的性質也只有證書一種，只是用途

〔註 34〕見劉海年，〈秦漢訴訟中的「爰書」〉，《法學研究》，1980 年第 1 期，頁 55。

〔註 35〕見 E.P.F 22：80、81，《居延新簡》，頁 483。

〔註 36〕見陳槃，〈漢晉遺簡偶述・拾柒〉，收入氏著《漢晉遺簡識小七種》，（臺北：中央研究院歷史語言研究所史語所，專刊之六十三，民國 64 年），頁 17。

〔註 37〕見大庭脩撰、林劍鳴等譯，〈爰書考〉，收入大庭脩撰、林劍鳴等譯，《秦漢法制史研究》，（上海：人民出版社，1990 年），頁 508、509。

是多方面的。〔註 38〕大庭脩又認爲陳氏所謂的自辨書，在居延漢簡中有「自證爰書」一種，它只是爰書種類中的一種，而非爰書的性質。

〈張湯傳〉記「劾鼠掠治，傳爰書，訊鞫論報，並取鼠肉具獄磔堂下」，〔註 39〕可知每一項治獄程序都是針對盜鼠而來的，因此所記之「傳爰書」也應指傳送盜鼠的爰書，陳槃先生將之理解爲張湯的自辨書，似乎誤解其義。〔註 40〕又若由居延漢簡所見之債務案件的審理過程來看，可知「自證爰書」是被告的申辯書，其內容皆在反駁原告所告之事，並爲自己提出申辯。因此，就陳槃先生認爲爰書具有自辯書的性質而言，並無不妥，只是這種性質應限定在自證爰書而已。

關於爰書有證書之性質，陳槃先生及大庭脩的意見皆無出入。且如前所述，居延漢簡的有些爰書是爲證明某事而上報，因此在性質上自然具備證書的性質。另外，訴訟案件中除自證爰書之外，又有官吏上報案情調查結果的爰書，這類爰書並不具備自辨書或證書的功用，而只爲官吏上報某事的爰書。因此，就秦漢簡牘所見的爰書而論，在性質上約分爲三種，一是訴訟程序中被告的申辯書，即「自證爰書」，亦即陳槃先生所言的自辨書。二是證書，陳槃先生所舉「病死物爰書」即爲此類，又其它不關訴訟案件的爰書都具有這樣的性質。三是報告書，如訴訟案件中官吏調查案情的報告書。

傳統上理解爰書時，因受史料限制，所以都從訴訟程序入手，但隨著秦漢簡牘的相繼出土，增加了爰書的史料並拓展研究空間。例如在陳槃先生的短文中，雖未將爰書簡進行分類，討論的範圍也不很完備，但卻能從居延漢簡著手，這已拓展爰書研究的史料範圍。大庭脩繼之對爰書的內容與種類進行討論，試圖從爰書的內容格式入手，找出舊居延漢簡的爰書簡，結果發現爰書的內容相當多樣化，使用的範圍也頗具廣泛性。

大庭氏從舊居延漢簡有關債務及債權關係的簡文著手，以訴訟案件中被告「不服，爰書自證」的行爲爲其論證之起點，認爲漢代將「向官府申告個人私事的文書」稱爲爰書；又根據個人申告的內容冠以「秋射」、「自證」等詞。〔註 41〕大庭氏作出此項結語的依據是，一方面認爲歷代學者對〈張湯傳〉

〔註 38〕同上註，頁 508。

〔註 39〕見《史記・張湯傳》，卷百二二，頁 1134。

〔註 40〕見陳槃，〈漢晉遺簡偶述・拾柒〉，收入氏著《漢晉遺簡識小七種》，頁 18。

〔註 41〕見大庭脩撰、林劍鳴等譯，〈爰書考〉，收入大庭脩撰、林劍鳴等譯，《秦漢法制史研究》，（上海：人民出版社，1990 年），頁 519。

「爰書」一詞的解釋中，以蘇林與顏師古的說法最爲穩妥，〔註42〕故既然「爰書」爲代換口辭之書，則被代換口辭之人就不是撰寫爰書的官吏。另一方面則因大庭氏於〈爰書考〉一文中，〔註43〕使用的簡牘資料都是舊居延漢簡，舊居延漢簡的爰書內容以訴訟案件的「自證爰書」最多，故大庭氏遂以「自證爰書」的內容來理解漢代的爰書，最後作出「漢代將代口辭之書稱爲爰書」的結論。〔註44〕但就爰書的內容與性質而論，爰書絕不只是向官府申告個人私事的文書。

由於睡虎地秦簡及居延漢簡的出土，補充了爰書研究的史料，其中，舊居延漢簡有關爰書的史料雖多爲斷簡，但新居延漢簡卻首次出現後漢初期的司法訴訟爰書及多件劾狀簡，〔註45〕這爲漢代爰書及訴訟程序兩大問題提供了重要的參考資料，實值得學者注意。

第二節　爰書內容的格式

睡虎地秦簡的〈封診式〉與新居延漢簡的〈建武三年十二月候粟君所責寇恩事〉簡冊，都有完整的爰書內容，使研究者在進行深層討論時有範例可循。不過除〈封診式〉外，目前出土的秦代簡牘中，筆者尚未發現其它記載爰書的史料。〈封診式〉的爰書內容多涉及訴訟案件，但居延漢簡卻有更多種類的爰書，內容亦趨於多樣性。但是也因爰書內容的多樣性，導致在蒐尋爰書內容時，耗費掉相當多的時間，因此若能從爰書的書寫格式著手，則在尋找爰書的內容時，會得到事半功倍的效果。以下將針對前輩學者提出的爰書格式作探討，見其是否足以作爲搜尋爰書時的依據。

一、「自言」簡的問題

大庭脩在〈爰書考〉一文中，提出三種尋找漢代爰書簡的線索，一是先

〔註42〕同上註，頁508。

〔註43〕見大庭脩，〈爰書考〉，收入氏著《秦漢法制史の研究》，（東京：創文社，昭和五七年，第一版），頁626、647。

〔註44〕見大庭脩撰、林劍鳴等譯，〈爰書考〉，收入大庭脩撰、林劍鳴等譯，《秦漢法制史研究》，（上海：人民出版社，1990年），頁519。

〔註45〕爰書指〈建武三年十二月候粟君所責寇恩事〉簡冊，即E.P.F 22：1至36，見《居延新簡》、頁475至478。劾狀指E.P.T 68探方出土者，見《居延新簡》，頁456至467。

找出有無類似「自證爰書」的內容，並以「不服，爰書自證」之語爲條件。二是著眼於與債務內容有關的爰書。三是再研究「證所言」一詞是否爲「自證爰書」的文體。〔註 46〕大庭氏根據這三種假設，發現居延漢簡 178.30 簡爲完全符合的「自證爰書」，其簡文云：

（一）尉史張鳳 自言故爲居延高亭亭長，三年十二月中送詔獄證觻得，便從居延迎錢守丞景臨取四年正月奉錢六百，至二月中，從庫令史鄭忠取二月奉，不重得正月奉。今庫掾嚴復留鳳九月奉錢，不當留庫。證所言。（圖版頁 289）

大庭氏認爲此簡是張鳳對官方停發薪奉處份表示「不服」，而「對自己的主張作出證言」的文書，也就是張鳳的「自證爰書」，張鳳如此作乃因「□皆不服，爰書自證，書到如律令」（203.31，圖版頁 298）的緣故。大庭氏認爲這枚簡有兩個特色，一是簡文開頭有「自言」一語，二是簡的書寫形式是將姓名用大字寫於中央位置，再空出幾格，用小字寫出申辯之辭。根據這兩個特色，大庭氏發現，居延漢簡中以含有「自言」一語的簡牘較多，而像簡（一）這種形式的簡極爲少見，因此就將含有「自言」一語的簡，作爲進一步蒐尋的對像，發現有關債務及債權的簡，有極多符合此項要求者。有關借貸的文書簡中常出現「責（債）不可得」一語，大庭氏遂以爲「自言」簡即因債權人「責（債）不可得」而向官府申訴後所提出的「自證爰書」簡。因此大庭氏於文中的結論一節，提出「爰書的文體，原則上似乎是以『某自言』爲開頭」的假設。

關於「自言」簡的問題，籾山明曾論述過，不過他的討論多著重於「自言」一詞的意義，及居延漢簡所見的個人申請關所通行證明的簡文，〔註 47〕筆者在此試從居延漢簡所見官府處理債務案件的過程來理解之。居延漢簡所見，當債權人無法收回債款，可向官府提出訴訟，這是債務訴訟案成立的首要條件。以下列舉之簡（二）至簡（七），爲債權人向官府提出告發某甲不償還債務的申覆文書：

（二）三堠隊長徐宗，自言故霸胡亭長寧就舍錢二千三百卅四，責不

〔註 46〕見大庭脩撰、林劍鳴等譯，〈爰書考〉，收入大庭脩撰、林劍鳴等譯，《秦漢法制史研究》，（上海：人民出版社，1990 年），頁 512。

〔註 47〕見籾山明，〈爰書新探——漢代訴訟論のために——〉，《東洋史研究》，第五十一卷第三號，（平成四年十二月），頁 330 至 337。

可得。(3.4，圖版頁 527)

(三) □□長徐宗，自言責故三泉亭長古延壽茭錢少二百八十，數責不可得。(3.6，圖版頁 569)

(四) 甲渠戍卒淮陽始□□寧□，自言責箕山隊長周祖從與貸錢千，已得六百少四百。(E.P.T 4：92，《居延新簡》，頁 14)

(五) 障卒尹賞，●自言責第廿一隧長徐勝之長襦錢少二千。(E.P.T 51：8，《居延新簡》，頁 171)

(六) 甲渠卒尹放，自言責市場里董子襄、馬游君☐。(261.42，圖版頁 444)

(七) 石隊隊卒張雲陽卩自言責甲渠惊虜隊長。(E.P.T 52：487，《居延新簡》，頁 260)

居延漢簡將貸出財物的行爲稱爲「責」，「責」即「債」也。〔註 48〕以上諸簡的內容皆記錄某甲貸錢財於某乙之事，簡(二)云貸出的錢無法拿回，簡(三)、簡(四)及簡(五)記債務人雖曾償還，但數額卻不足。大庭脩認爲此類含有「自言」字樣的簡爲「自證爰書」簡，因此以上諸簡皆是債權人的「自證爰書」簡，也就是說某甲因「責不可得」而向官府提出某乙不償還債務的控告，官府在調查之後以爲控告不實，因此某甲提出「自證爰書」以證其所言。但是從簡(二)記「責不可得」、簡(三)記「數責不可得」、簡(四)記「少四百」與簡(五)記「少二千」等等，都可看出某甲因無法收回債款始「自言」於官府，亦即諸簡所記之「責不可得」或「少某錢」，爲某甲「自言」之原因。故筆者認爲居延漢簡有關債物性的「自言」簡，是債權人向官府提出控告某人不償債的訴訟文書，官府在受理此控告後，便展開調查或替債權人討回債務。

當某甲因「責不可得」而「自言」於官府後，官府會採取行動來解決彼此的財物糾紛，第一步就是將某甲的控告書送往債務人所屬的政府機關。從以下的簡(八)至簡(十三)，可知官府受理告發後，須將控告書移往債務人所屬的官府：

〔註 48〕見陳槃，〈漢簡賸義再續〉，收入氏著《漢晉遺簡識小七種》，「拾貳：責、債古今字」，頁 112。又《漢書・宣元六王傳》，卷八〇，頁 980，云：「負債數百萬」，顏師古注曰：「責謂假貸人財物未償也」，故居延漢簡所見的「責」字，意爲貸人財物而未償還也。

（八）第廿三候長越錋責居延騎士常池馬錢九千五百，移居延收責重。●一事一封，十一月壬申令史同奏封。（35.4，圖版頁 129）

（九）□等，自言責亭長董子游各如牒，移居延。●一事一封，五月戊子史彊封。（157.17，圖版頁 362）

（一〇）☐責故州井廣地隧長妟贛等錢，贛等在居延，移居延驗問☐。（E.P.T 51：519，《居延新簡》，頁 213）

（一一）不侵守候長成赦之責廣地隧長唷豐錢八百，移廣地候官。●一事一封，八月壬子尉史井封。（58.11，圖版頁 201）

（一二）卅井移驩喜隧卒鄭柳等責木中隧長董忠等錢，謂候長建國等。●一事一封，三月辛丑令史护封。（214.34，圖版頁 357）

（一三）□候長湯敢言之，謹移自言各如牒，唯官毋予。（160.3，圖版頁 513）

其中簡（八）、（九）及（一〇），皆記公文由甲渠候官移往居延縣廷，原因爲某甲向候官控告某乙欠債不還，而這些債務人目前居住於居延縣廷轄境內，因此候官以公文行之。簡（一一）則表示要由甲渠候官移往廣地候官，簡（一二）表示欲由卅井候官移往木中隧所屬之「部」。然而，移往該處的原因，都是希望藉由該處官吏協助調查某甲告發欠債之事。簡（九）有「如牒」之文，表示某甲控告董子游欠債之事就如此「牒」所記，簡（一三）亦有「自言各如牒」之語，應該也表示此種意義。在這些要求他官協助辦理債務糾紛案的文書簡中，出現的「自言」一語，並非某人「自證爰書」中的申辯語，因爲他官尚未進行調查，自然不有會有「不服，爰書自證，書到如律令」的要求。簡（八）至簡（一三）雖是官府間往來的公文簡，但其中的「自言」一語表示爲某甲向官府提出控告，有「親自」告發的意思，此點應該相當明顯。

當他官收到委託協助處理債務糾紛的文書後，會依收到的「自言書」而傳訊債務人至官府驗問，亦即據「書到，（頃令史）驗問收責報」的命令（E.P.T 52：319，《居延新簡》，頁 250），立即驗問及回報結果。以下簡（一四）至簡（二〇），就是記錄驗問與收債情況的資料：

（一四）貸甲渠候史張廣德錢二千，責不可得，書到驗問，審如猛言，爲收責言，謹驗問廣德，對曰：「迺元康四年四月中，廣德從西河虎猛都里越武取谷錢千九百五十，約至秋予。」（E.P.T 59：8，《居延新簡》，頁 359）

（一五）☑已，官居延書曰：萬歲里張子君自言責臨之隧長徐□。書由□□□□留□張子君問繒布錢少千八百五十五。（132.36，圖版頁 149）

（一六）元延三年四月丙戌朔庚戌，鉼庭候史□敢言之，府移殄北書曰：□□卒子章自言責卅八隧長越□官袍一領，直千四百五十，驗問收。（甲附 22，《甲編》圖版頁 187）

（一七）☑□二年二月丁酉朔丁卯，甲渠障候护敢言之，府書曰：治渠卒買。

☑□自言責隧長孫宗等衣物錢凡八牒，直錢五千一百，謹收得。（E.P.T 51：110，《居延新簡》，頁 235）

（一八）陽朔元年七月戊午，當曲隧長譚敢言之，負故止害隧長寧常交錢六百，願以七月奉錢六百償常，以印爲信，敢言之。（E.P.T 52：88A，《居延新簡》，頁 233）

（一九）☑自言責甲渠終古隧長徐帶履錢百六十，服負。（E.P.T 51：407，《居延新簡》，頁 205）

（二○）☑自言責士吏孫猛脂錢百廿。●謹驗問士吏孫猛，辭服。負已收得猛錢百廿。（E.P.T 52：21，《居延新簡》，頁 228）

簡（一四）記他官因「書到」而驗問廣德，於此「書」中應記有某甲自言責廣德之事，就如簡（一五）的「居延書」、簡（一六）的「殄北書」及簡（一七）的「府書」中所記。在這些移送他官的文書中，都指出某乙欠款未還之事，因此，可將簡（一五）所記的「居延書」視爲張子君的控告書，簡（一六）的「殄北書」視爲子章的控告書。在這些控告書中，皆出現了「自言責」一語，它表示爲某甲向當地官府告發某乙欠債之意。簡（一六）、（一七）及（一八），應爲他官驗問欠款人之後的回報文書，從簡文「驗問收」（簡一六）、「謹收得」（簡一七）及「願以七月奉錢六百償常」（簡一八）得知，這三件債務糾紛案已得到解決。簡（一九）與（二○），雖沒有類似簡（一六）的「殄北書」，但從簡文仍可推知是屬於官府驗問債務人之後的記錄文書。簡（一九）記有「服負」，簡（二○）記有「辭服，負已收得」之語，表示官府驗問後，被告都承認負債之事。可見簡（一五）至（二○）中，不論是他官驗問被告後的回覆公文，或是官府記錄債務糾紛案的名藉，在所見的控告書中都有「自言」一語，所以「自言」應表示某甲向官府提出控告的意思。

某乙若承認負債之事，且官府已爲原告收回債款，則訴訟案應就此結案。但官吏驗問後，若被告不承認負債之事，就須以爰書回覆受訴的官府，或亦要求原告爰書自證，這就是大庭脩所言的「不服，爰書自證，書到如律令」的程序，只不過要求「爰書自證」的程序並不在「自言責」之前。以下簡（二一）至簡（二四）之中，可見到被告爰書自證的舉動，乃因「不服負」之故：

（二一）□令史驗問收責□不服，移自證。（270.22，圖版頁 350）

（二二）徙王禁責誠北候長東門輔錢，不服，
移自證爰書，會月十月●一事一封
四月癸亥尉史同奏封。（259.1，圖版頁 349）

（二三）□□□史驗問收責報，不服，移自證爰書，如律令。（E.P.C：39，《居延新簡》，頁 548）

（二四）□責不可得，證所言；不服負，爰書自證。●步光見爲南隧長，
不爲執胡隧長。（157.12，圖版頁 447）

從簡（二一）、（二二）及（二三）中可知，官府驗問被告後，被告不服欠債之事，得爰書自證。簡（二四）甚至記被告不服欠債之事，並爰書自證表明自己的身份。當被告不服負債後，官府會將驗問結果傳報原受訴官府，如 E.P.T 56：275 所云：

神爵二年六月乙亥朔丙申，令史□敢言之，謹移吏負卒貲自證已畢
爰書一編敢言之。（《居延新簡》，頁 326）

「令史口」移「自證已畢爰書」的目的，是爲了回覆原告的告發，作爲「吏卒負卒貲」的辯解之用。居延地區的官府，就利用傳達訴訟案件中雙方當事人的控告書及自證爰書，來獲取私人性債物糾紛案的口供證據，並進行審訊。

當他官回傳被告的自證爰書後，若原告不服，可再次提出控告，如以下簡（二五），可見原告不服被告的自證爰書，遂再次告發：

（二五）□居里女子石君佚、王子羽
責候長李勝之錢二百九十三，
謹驗問勝之，辭：故與君佚夫
彭祖爲殄北塞外候▨。
五年十二月中，與彭祖等四人
供殺牛，已校計，不負彭祖錢
。彭祖徙署白石部，移書責厶

羽錢二百九十三厶，爰書自證，不當償彭祖錢，已決絕。彭祖免歸丞池，至今積四歲，君佚今復責厶錢厶，自證爰書在殄北候官。毋詣官彭□□妻。（E.P.S 4T：52-53A 簡，《居延新簡》，頁 557-558））

簡（二五）爲官府記錄石君佚及王子羽「責」李勝之一案的說明文書。簡文書寫形式與大庭氏所引居延漢簡 178・30 相同，皆將姓名寫於中央位置，其後始爲說明之詞。從說明詞中得知，本案在官府的審理過程爲：（1）石君佚「責」李勝之二百九十三錢，勝之已受召驗問，簡文從「故與」到「不負彭祖錢」爲止，即李勝之解釋之辭。（2）彭祖徙往白石部後，再「責」王子羽，顯示彭祖不服李勝之之前辭，但王子羽已「爰書自證」而結案。（3）四年後，彭祖之妻石君佚復告此事，但此案已驗問相關人等，並移「自證爰書」說明，故無須重複審訊，因此官吏以「自證爰書在殄北候官」來回應石君佚，表示此案已獲裁決。從這個案件的審理過程得知，當債務案件的原告不服被告的自證爰書而再次提出相同的控告時，受訴官府通常會以被告已經完成的自證爰書爲依據而作出裁決，讓訴訟案就此結束。由此亦見自證爰書在訴訟案中具有重要的意義。

從官府之間互相往來的債物性文書內容分析，案件的審理過程可劃分爲幾個階段：（1）債權人以「自言責」的方式向官府提出訴訟，官府將控告書送往債務人所在的官府。（2）受託協助辦理的官府依此傳訊債務人驗問並收債。（3）當被告不服指控，得爰書自證，而原告對其自證之辭不認同時，雖再次告發，官府亦就此進行判決。故可知含有「自言」字樣的簡，只是官府記錄原告控辭的簡，「自言」一語表示爲某人親自向官府提出告發之意，並非如大庭脩所言是自證爰書的用語。

從其他方面來看「自言」一語的用法，也顯示「自言」爲某人親自向官府提出告發或申訴之意，如以下所引之簡（二六）云：

（二六）課言●謹案湯自言病，令子男殄北休隊長詡自代乘隧湯，蓋癸酉。（E.P.F 22：340，《居延新簡》，頁 499）

此簡爲記錄官吏出勤狀況的文書，其中簡文「湯自言病」表示湯生病而親自向官府申請病假之意。又《漢書・朱博傳》云：

> 本武吏，不更文法，及爲刺史行部，吏民數百人遮道自言，官寺盡滿，從事白請，且留此縣，錄見諸自言者，事畢迺發，欲以觀試博。博心知之，告外趣駕，既白駕辦，博出就車，見自言者，使從事明敕告吏民預言縣丞、尉者，刺史不察黃綬。〔註49〕

此段說明朱博任刺史時對遮道「自言者」的處置情況，其「自言者」亦表示爲向朱博申訴之人。可見「自言」一語，應是私人向官府提出告發或申訴時的用語，居延漢簡亦出現此類申訴書的名稱，如以下之簡（二七）至簡（二九）所記：

（二七）給使隧長仁叩頭言：掾毋恙幸得畜見，掾數哀怜爲移自言書居延，不宜以納前事，欲頗案下，使仁叩頭死罪死罪。仁數詣前，少吏多所迫，叩頭死罪死罪，居延即報仁書，唯掾言候以時下部令，仁蚤知其曉，欲自言事，謹請書□□吏□叩□仁再拜白。（157.10，圖版頁362）

（二八）甲渠候官●自言事。（E.P.T 56：80，《居延新簡》，頁313）

（二九）▩ 永始四年（前13）
吏民自言書。（E.P.T 50：199，《居延新簡》，頁165）

簡（二七）爲官吏間的私人文書，簡文有「自言書」一詞，明顯看出此書不同於「自證爰書」，而爲專有名詞。簡（二八）爲標題簡，簡文「自言事」一詞，說明其內容應是私人向官府申訴之事。簡（二九）爲檢署，爲永始四年吏民申訴案件的。另外又有：

（三○）元延二年（前11）二月癸巳朔甲辰，玉門關候臨、丞猛、掾故穀移自言六事書到，願令史驗問、收責，以錢與士吏程嚴。報，如律令。〔註50〕

此爲漢代敦煌懸泉置出土之簡牘，內容記載委託他官協助辦理債務案件。簡文中有「自言六事書」一詞，從其後的簡文得知，此自言書中的六事應爲債務糾紛事件。「自言」並非「自證爰書」的用語，而是表示某甲向官府提出申

〔註49〕見《漢書・朱博傳》，卷八三，頁1012。

〔註50〕此簡轉引自籾山明，見籾山明，〈爰書新探——漢代訴訟論のために——〉，《東洋史研究》，第五十一卷第三號，（平成四年十二月），頁27。文中〔註34〕云「此簡爲中國簡牘學國際學術研討會，1991年7月29日至8月2日開會期間，蘭州市甘肅省博物館特別展示之簡」，釋文爲籾山明所釋。

訴之意，因此不可將其解釋爲某甲在「自證爰書」中親自說明的意思。

總之，由官府審理債物案件的過程，知「自言責」是某甲向官府控告某乙欠債之意，而「自言」就是向官府申訴之用語。這個程序是整個債務訴訟案的開頭，它並非「自證爰書」的申辯語，因此含有「自言」字樣爲開頭的文書，亦非漢代的爰書。況且〈建武三年十二月候粟君所責寇恩事〉簡冊中的「乙卯爰書」及「戊辰爰書」，皆是後漢初期的債務性自證爰書，在爰書內容的開頭簡文中，都未見有「自言」字樣，大庭脩以爲爰書似乎以「某自言」爲開頭的假設，應有商榷之處。

二、「它如爰書」一詞的問題

大庭脩將簡（一）視爲張鳳的「自證爰書」之理由，除了簡文開頭出現「自言」一語之外，在簡文末尾又有「證所言」一語以爲結束，故而將簡（一）解釋爲：

> 張鳳認爲官府停發他的薪俸的作法是不妥當的，故提出此「自證爰書」；其中「證所言」一語就表示張鳳證明以上「自證爰書」中所言之事。〔註 51〕

但如前所述，居延漢簡 178.30 並非張鳳的「自證爰書」，而是他提出「不當留九月奉錢」的申訴文書，因此「證所言」一詞是用於證明「自言書」之所言，而非「自證爰書」的專用語。

大庭脩對陳槃先生的批評中，根據的是居延漢簡 6.13，其簡文云：

（三一）□候長賢自言常以令秋射，賢□□即石力賢

□數于牒，它如爰書敢言之。（圖版頁 193）

大庭氏認爲簡文中附有「它如爰書」字樣，這說明除此之外還有爰書，〔註 52〕即認爲此非爰書簡。然而，簡（三一）所記似乎爲「秋射爰書」的內容，推測其簡文大意應是說：賢曾「自言」秋射成績一事，因此候官中的官吏署明其「（中帑矢）數于牒」，向上報告。與簡（三一）相似的尙有：

（三二）☑長安世自言常以令秋射，署功勞□。

☑中帑矢數于牒，它如爰書。（277.15，圖版頁 318）

〔註 51〕見大庭脩撰、林劍鳴等譯，〈爰書考〉，收入大庭脩撰、林劍鳴等譯，《秦漢法制史研究》，（上海：人民出版社，1990 年），頁 513。

〔註 52〕同上註，頁 509。

（三三）甘露二年八月戊午朔丙戌甲渠令史齊敢言之，第十九隧長敞自言當（常）以令秋射，署功勞，即石力發弩矢□弩臂皆應令：甲渠候漢彊、守令史齊署發中矢數于牒，它如爰書敢言之。

（E.P.T 53：138，《居延新簡》，頁 290）

簡（三二）應指安世向候官提出秋射賜勞的申覆案，同樣附有中帑矢數以茲證明。簡（三三）也是敞提出「石力發弩矢□弩臂皆應令」的申覆案。若以簡（三三）爲此類內容的書寫範例，可見其中有兩項重點：一是某甲自言秋射賜勞之事，二是甲渠候官的官吏（簡三三記爲：甲渠候漢彊及守令史齊）「署發中矢數于牒」。而某甲「自言」於官府是成立訴訟案的首要條件，故甲渠候漢彊及守令史齊爲敞簽署發中矢數之目的，是爲敞「自言」秋射成績一事提出證明。此外，就簡（三一）、（三二）及（三三）來看，其共通點是在簡文內容的最末尾處都出現了「它如爰書」一詞，它隱含何種意義呢？籾山明由「它如爰書」一詞在文書中的位置來理解之。

籾山氏以 1973 年河南偃師縣出土〈漢侍廷里父老僤買田約束石劵〉中的「它如約束」一詞，來理解「它如爰書」的意義。〔註 53〕該石劵共有十二行字，其中第一至第十行云：

（1）建初二年（西元 77）正月十五日侍廷里父老僤祭尊

（2）于季主疏左巨等廿五人共爲約束石劵里治中

（3）迺以永平十五年（西元 72）六月中造起僤斂錢共有六萬

（4）一千五百買田八十二畝僤中其有訾次

（5）常給爲里父老者共以客田借與得收田

（6）上毛穀實自給即訾下不中還田

（7）轉與當爲父老者傳後子孫以爲常

（8）其有物故得傳後代户者一人即僤

（9）中皆訾不不中父老季巨對共假賃

（10）田它如約束

這十行字記載了石劵中的約文，約文之後的第十一與十二行記錄了共爲立劵的二十五人人名。約文大意是說：後漢章帝建初二年（西元 77 年）正月十五日，侍廷里于季等二十五位父老僤的成員，於里辦公室中共同訂立此約束石劵。石

〔註 53〕見籾山明，〈爰書新探——漢代訴訟論のために——〉，《東洋史研究》，第五十一卷第三號，（平成四年十二月），頁 321 至 322。

券涉及這二十五人在明帝永平十五年（西元 72 年）六月中組織父老僤時，湊錢六萬一千五百所買的八十二畝地。今欲在約束中約定日後這八十二畝地的處理情形。其詳細內容的討論可參見邢義田先生撰〈漢代的父老、僤與聚族里居〉一文。〔註 54〕在此值得注意的是，第十行的「它如約束」一詞之後，接共同立券的二十五人人名的這種文書形式，「它如約束」一詞在此作爲約文的結束用語，目的在告知共爲立券的二十五人，使其瞭解以上就是「約束」。

另外，從江陵張家山二四七號漢墓出土〈奏讞書〉案例中，也可見「它如書」與「它如辭」的用法，類於前述的「它如約束」之功用。〈奏讞書〉爲前漢初期上讞案例的集成，應是提供治獄官吏學習之用。〔註 55〕〈奏讞書〉所見，當下級官吏上讞案件時，通常將審理過程所得的審訊結果一併呈報，供上級參考。其中第十五個案例記載高祖七年（前 200）八月十二日，江陵縣丞上讞南郡守強的內容，其中記載的案由爲：

> ●七年八月己未江丞言：醴陽令恢，盜縣官米二百六十三石八斗，恢秩六百石，爵左庶長□□□□。
>
> 從史石，盜醴陽已鄉縣官米二百六十三石八斗，令舍人士五（伍）興、義與石賣，得金六斤三兩，錢萬五千五十，罪。它如書。興、義皆言如恢。〔註 56〕

簡文最後的「興、義皆言如恢」爲江陵丞驗問興及義之後所下的結語，在此句之前的簡文爲江陵縣丞上讞此案的案由記錄書，書中以「它如書」一詞作爲案由記錄書的結語，表示以上就是案由，與以下的「興、義皆言如此」的驗問結語區隔開來。又從〈奏讞書〉所見的審訊程序來看，其中「問」的階段指驗問被告或是與案件相關之人，目的在補充或釐清控告書中的疑點，如：

> 問媚：年卌歲。它如辭。（〈奏讞書〉案例二）
>
> 問：平爵五大夫，居安陸和眾里，屬安陸相。它如辭。（〈奏讞書〉案例一四）

〔註 54〕見邢義田，〈漢代的父老、僤與聚族里居——「漢侍廷里父老僤買田約束石券」讀記〉，收入氏著《秦漢史論稿》，（臺北：東大圖書，民國 76 年），頁 215 至 246。出土石券的命名及釋文依邢氏所論。

〔註 55〕見李學勤，〈江陵張家山漢簡概述〉，收入氏著《簡帛佚籍與學術史》，（臺北：時報文化出版社，1994 年 12 月），頁 198。

〔註 56〕見江陵張家山竹簡整理小組，〈江陵張家山漢簡《奏讞書》釋文〉（一），《文物》，1993 年第 8 期，頁 24。

問：恢盜臧（贓）過六百六十錢，石亡不訊。它如辭。（〈奏讞書〉案例一五）〔註 57〕

據引文可見，「它如辭」一語皆作爲「問」這個程序的結尾，表示以上就是所「問」之後的回答語。因此，從〈漢侍廷里父老僤買田約束石券〉的「它如約束」及〈奏讞書〉的「它如書」、「它如辭」的用法，可知「它如爰書」一詞亦應用於爰書的結束語位置，表示以上就是爰書。故前述之簡（三一）、（三二）及（三三），應該都是秋射爰書簡。此外，以下的簡（三四）及（三五）亦當爲爰書簡：

（三四）免未賞（償）從卒騂欬已貸錢百廿三，不當償。證所言。它如爰書。（E.P.T 51：194，《居延新簡》，頁 188）

（三五）得毋有侵假藉貸錢財物以惠貿易器。
▨簿不貰賣衣物、刀劍，衣物客吏民所。證所言。它如爰書敢言之。（E.P.T 57：97，《居延新簡》，頁 344）

簡（三四）應爲債務性的「自證爰書」，簡（三五）則爲「貰賣衣財物爰書」之類。

「它如爰書」一詞既作爲爰書內容的結束語，則簡（三四）及（三五）所記當爲爰書內容的後半段而已，那麼前段內容當如何記載呢？以下之簡（三六）及（三七）提供了搜尋的線索：

（三六）□□寅士吏強兼行候事敢言之，爰書：戍卒穎川郡長社臨利里樂德、同縣安平里家橫告曰：所爲官牧槖他戍，夜僵臥草中，以□行。謹案德、橫□到槖他尉辟推，謹毋刀刃木索迹。德橫皆證所言。它如爰書敢。（E.P.T 57：85，《居延新簡》，頁 343）

（三七）神爵二年（前 60）十一月癸卯朔乙丑，懸泉廄佐廣德敢言之，爰書：廄御千乘里畸利謹告曰：所使食傳馬一匹，騧牡左剽入，坐肥，齒二歲，高三尺一寸，□頭□柱送日逐王，乘至冥安病死。即與御張乃始 V 泠定襍診，馬死，身完，毋兵刃木索迹，病死。審證之。它如爰書敢言之。〔註 58〕

簡（三六）爲士吏強所移家橫控告案之爰書，簡文中「所爲官牧槖他戍，夜

〔註 57〕同上註，頁 22 至 25。

〔註 58〕見甘肅省文物考古研究所編，《敦煌漢簡》，（北京：中華書局，1991 年，第一版），第 1301 簡、圖版頁 138。

僵臥草中，以□行」爲家橫的告發內容，官吏接獲控告後，立即派遣德橫到橐他尉調查，德橫調查結果顯示所告並無錯誤，故於爰書中以「德橫證所言」一語表示，最後將此案的調查結果作成爰書上報之。簡（三七）爲漢代懸泉置出土的爰書簡，爰書名稱應屬「驛馬病死爰書」一類，內容中同樣有畸利的訴詞與官吏派人檢驗死馬的過程，簡文「審證之」應理解爲經廣德與張乃始檢驗死馬，確定死馬「毋兵刃木索迹」，故向上級證明畸利所告無誤。

簡（三六）及（三七）所記內容皆以「它如爰書」爲結語，表示以上所言就是爰書，但進一步察看其簡文的前段內容，發現皆以「某年某官吏敢言之，爰書」的形式出現。因此可合理推測，含有此類格式者亦爲爰書之內容，故以下的簡（三八）至（四一），所記內容可視爲爰書之前段記錄形式：

（三八）初元三年（前 46）九月壬子朔己辛巳，令史充敢言之，爰書：□。
□辟丈埻道皆應令即射，行候事塞尉□□。〔註 59〕

（三九）建始元年（前 32）正月乙丑朔癸酉，尉史憙敢言之，爰書。（E.P.T 52：194，《居延新簡》，頁 242）

（四〇）建武泰年（西元 31）十月辛酉朔壬戌，主官令史譚敢言之，爰書：不侵候長居延中宿里□業，主亭隧泰所听呼不繕治。
言之。（E.P.F 2：700，《居延新簡》，頁 522）

（四一）▨北部候長當敢言之，爰書：隧長蓋之等，乃辛酉日出，時
▨長移往來行塞下者，及畜產皆毋爲虜所殺者，證之，審。
（306.12，圖版頁 543）

這四簡皆符合「某年某官吏敢言之，爰書」的書寫形式，都可視爲爰書簡。綜上所論，知爰書內容之記載，有以「某年某官敢言之，爰書」爲開頭，「它如爰書」爲結語之情況，因此上引簡（三六）及（三七）應是完整之的爰書簡。居延漢簡常見某官移爰書一編，如：

（四二）神爵二年（前 60）六月乙亥朔丙申令史□敢言之，謹移吏負卒貰自證已畢爰書一編敢言之。（E.P.T 56：275，《居延新簡》，頁 326）

簡文有「吏負卒貰已畢爰書一編」，當是令史移送此編爰書時，根據爰書內容

〔註 59〕見中國科學院考古研究所編，《居延漢簡甲編》，（北京：科學出版社，1959年），甲附 169 簡，圖版頁 186。

及性質而附上之名稱。以簡（三七）爲例，當懸泉廏佐廣德受理畸利所告，並經檢驗死馬後，證實其確爲病死而寫成爰書，當呈報時，便在移送的文書簡上，註明此爰書爲「驛馬病死爰書」。

爰書內容又常見「證所言」一詞，如上引的簡（三四）、（三五）及簡（三六），大庭脩將之解釋爲爰書自證者「特此證言」之意。〔註 60〕若依此解釋，則「自證爰書」中「證所言」一語就需理解爲被告爲自己的供辭「特此證言」。但就以上所得的爰書內容來看，「證所言」似乎是官吏的用詞，表示官吏爲所寫的爰書內容「特此證言」之意。若再以〈建武三年十二月候粟君所責寇恩事〉簡冊中的「乙卯爰書」及「戊辰爰書」爲例，知此二爰書皆爲寇恩的「自證爰書」，其中的「戊辰爰書」可分爲以下幾個部份：

1、爰書的開頭部份：簡文爲「建武三年十二月癸丑朔乙卯，都鄉嗇夫宮以廷所移甲渠候書召恩詣鄉。先以證財物故不以實，臧五百以上；辭已定，滿三日而不更言請，以辭所出入罪反罪之律辨告，乃爰書驗問」。主要內容爲嗇夫宮告知寇恩某些爰書驗問時所需注意的律令。

2、主文部份。內容爲寇恩的供辭與嗇夫宮的「決言」。

3、爰書的結尾部份。以「皆證。它如爰書」爲結語，「皆證」表示嗇夫宮爲以上所寫成的爰書內容特此證明之意。

因此，爰書內容中的「證所言」或「皆證」，應是撰寫爰書的官吏，爲被告的供辭或官吏的案情調查結果「特此證言」之意，而非爰書自證者自己「特此證言」。

〔註 60〕見大庭脩撰、林劍鳴等譯，〈爰書考〉，收入大庭脩撰、林劍鳴等譯，《秦漢法制史研究》，（上海：人民出版社，1990 年），頁 513。

第三章　爰書的名稱與內容

前章分析出土漢簡所見之爰書格式，知欲尋爰書內容有二依據，一是簡文開頭以「某年某官敢言之，爰書」的形式出現，二是簡文以「它如爰書」一詞爲結束語。符合這兩項條件之其中一項者，即爲爰書的內容。

以大庭脩的研究而論，除補充陳槃先生所言之不足者外，又將爰書分爲五個種類，分別是：（1）自證爰書；（2）秋射爰書；（3）疾病爰書；（4）貰賣衣財物爰書；（5）軍□□爰書。大庭氏又言：其中的第三種——「疾病爰書」，包括「戍卒病死爰書」、「病死物爰書」、「疾卒爰書」、「病卒爰書」、「病診爰書」、「驛馬病死爰書」及「驛馬疾病爰書」。第四種的爰書名稱——「貰賣衣財物爰書」，於居延漢簡雖多以「戍卒貰賣衣財物爰書」出現，但貰賣者非只限於戍卒，故以此稱之。第五種名稱——「軍□□爰書」，則簡文照片不清晰，而無法辨識其眞正名稱。〔註1〕不過，從新居延漢簡所見之爰書名稱，尚不止於此五種，如籾山明參考新居延漢簡，補充了「吏卒相牽證任爰書」及「毆殺爰書」兩種。〔註2〕可見爰書名稱的種類隨著漢代簡牘的陸續出土而增加，因此實際上還有更多不同名稱的爰書。

前輩學者已由出土漢簡歸納出七種爰書名稱，但對於爰書內容的說明及何種內容應屬於何種名稱的解釋，仍有交代不清之處。例如籾山明以爰書名稱來劃分爰書的種類，並將含有爰書名稱的簡牘，依其作爲文書簡的角色而分爲：

1、表題、尾題簡。其通常置於爰書內容簡的前面或後面，以「右○○」的形式出現。

〔註 1〕見大庭脩撰、林劍鳴等譯，〈爰書考〉，收入大庭脩著、林劍鳴等譯，《秦漢法制史研究》，（上海：人民出版社，1990年，第一版），頁506至508。

〔註 2〕見籾山明，〈爰書新探——漢代訴訟論のために——〉，《東洋史研究》，第五十一卷第三號，（平成四年十二月發行），頁328至330。

2、送達文書簡。爲移送爰書內容簡時所加，以「謹移○○一編」的形式出現。

3、發信日簿。記錄爰書的發送內容，如記載發送的文書種類、內容、件數、發送日、封印者及同封者姓名。

4、指示、依賴文書簡。表示移自證爰書至他官，通常以「會月某日」表示發送日期，「如律令」表示依法行事。

5、楬、檢。楬爲文書及簿籍的添加說明簡；檢則爲封緘之用。〔註3〕

依籾山氏的意見，知其分類的原則是以官府之間的移送文書簡爲根據。籾山氏再依文書簡中出現的爰書名稱爲據，找尋出土漢簡所記的爰書內容，並將內容分類，判定某類內容若與某爰書名稱相符，便以此名稱來稱呼這個爰書。因此，爰書名稱的出現是官吏在移送爰書至他官時所加，而加上某名稱的原則是依據爰書內容而定。若是如此，則在基本的意義上，並不能將爰書分爲不同的種類，因爰書只是文書種類中的一種，當爲了公文移送的方便，與使他官了解爰書的內容性質，始附上爰書的名稱，如此才會出現不同的爰書名稱。

籾山明雖然將爰書名稱與內容的關係結合在一起，使得內容有其相應的名稱，但對於爰書內容卻未再多加解釋，實屬可惜之處。此外，有關睡虎地秦簡〈封診式〉的爰書內容，雖已有劉海年的專文論述，〔註4〕但劉氏指出的第六項內容，以爲〈封診式〉中的爰書包括「案情綜合報告書」，並以〈出子〉條爲證云：

> 「爰書」開始記載了士五（伍）妻甲的訴辭；接著，又說了令史某往執被告人大女子丙和訊問甲室人的情況；之後，便引證「丞乙爰書」，詳細報告了派人檢查小產嬰兒的過程；最後還介紹了讓生過孩子的隸妾對甲陰部的血跡進行檢查的情況，得出結論說甲的確爲小產。〔註5〕

劉氏又云：「秦簡〈封診式〉中，編選的大部份屬於這類材料。」然而，於此是否應該考慮〈封診式〉的每一條資料，其簡文開頭出現的小標題是代表何種意義？依劉海年的解釋，則可將〈出子〉條視爲〈出子爰書〉，因他將每一簡文開頭的小標題視爲爰書的名稱。不過筆者認爲，〈封診式〉的二十五條資

〔註3〕同上註，頁310至315。

〔註4〕見劉海年，〈秦漢訴訟中的「爰書」〉，《法學研究》，1980年第1期，頁54至55。

〔註5〕同上註，頁55。

料，應該將之視爲治獄案例的集成，屬於秦「式」的一種，亦即每條簡文開頭的小標題是案件的名稱，如此，則〈封診式・出子〉條包括兩份爰書，其中之一紀錄士伍甲妻的訴辭，另一則記載丞乙某的調查報告。

漢簡中的爰書名稱既然是官吏在移送時依據內容所定，則何種內容應定爲何種名稱，亦應有一定之原則，筆者以判定爰書內容的兩項條件爲據，蒐集出土漢簡中符合條件者，並配合爰書名稱之命名，將其分爲七種：即（1）自證爰書；（2）相牽證任爰書；（3）秋射爰書；（4）斥免官吏爰書；（5）貰賣衣財物爰書；（6）疾病爰書；（7）毆殺爰書。

第一節　自證爰書及相牽證任爰書

一、自證爰書

自證爰書的內容皆含有驗問官吏告知律令之簡文，所謂「告知律令」是指官吏爰書驗問被告時，通常會「證」某律及「辨告」某律於被告，一方面使其獲知觸犯的罪名，一方面使其明瞭爰書驗問時需注意的相關律令及連帶的法律責任。以下所引第（一）至（五）條資料即爲此類爰書：

（一）▨史商敢言之，爰書：障卒魏郡內安定里霍不職等五人□□□□□敞劍庭刺傷狀，先以證不言請出入罪，人辭□。

乃爰書。不職等辭：縣爵里年姓各如牒，不職等辭曰：敞實劍庭自刺傷，皆證，所置辭審。它如。〔註6〕

此簡缺字多，難知霍不職等五人何以要爰書自證，推其大意概因敞曾向官府控告此五人刺傷之，霍不職等五人以爲受冤，故爰書自證「敞實劍庭自刺傷」；其「劍庭」意同「劍挺」。此條資料中的「告知律令」蓋指「先以證不言請出入罪」，爲告知霍不職等五人爰書驗問時需注意的法律規定。

（二）▨書：大昌里男子張宗責居延甲渠收虜燧長越宣馬錢，凡四千九百二十，將召宣詣官，□〔先〕以□〔證〕財物故不實，臧（贓）二百五十以上，□已□□□□□□辟。

▨越氏故爲收虜燧長，屬士吏張禹，宣與禹同治，乃永始二年

〔註6〕居延漢簡 3.35，見國科學院考古研究所編，《居延漢簡甲乙編》，（北京：中華書局，1980 年，第一版），《乙編》、圖版頁 1。

（前 15）正月中禹病，禹弟宗自將驛牝胡馬一匹來視禹，禹死。其月不審日，宗見塞外有野橐佗□□□□。

☐宗馬出塞逐橐佗行卅余里，得橐佗一匹；還，未到隧，宗馬萃僵死，宣以死馬更所得橐佗歸宗，宗不肯受，宣謂宗曰：強使宣行，馬幸萃死，不以償宗馬也。

☐□共平宗馬直七千，今宣償宗，宣立以□錢千六百付宗；其三年四月中，宗使肩水府功曹受子淵責宣，子淵從故甲渠候楊君取直，三年二月盡六。〔註 7〕

開頭之缺字（「□」）當爲「爰」字，簡文大意爲：張宗曾自言責越宣馬錢之事，越宣以爲所告不實，故爰書自證。內容記載越宣的辯辭及案情的經過，即越宣本爲張宗之兄禹的部屬，禹於漢成帝永始二年（前 15 年）正月中病，張宗遂騎乘驛中的馬前來探視，但禹卻不幸病死。又於正月中，張宗曾見塞外有野駱駝，遂派遣越宣前往追捕，宣雖捕得一匹，但張宗的馬卻於回途中暴斃死亡。此時，越宣本欲以追捕所得的野駱駝賠償張宗，但宗不肯接受，於是越宣向張宗說：「是因你強行派遣追捕野駱駝，因此將不賠償死馬的錢。」不過官吏驗問越宣之後，宣立券表示欲以一千六百錢償還，張宗遂於永始三年四月中，遣肩水都尉府功曹受子淵向越宣要債，受子淵即從甲渠障候之處取回債款。（蓋疑越宣以薪俸償還之，故受子淵向甲渠候楊君取錢。）

此條資料中的告知律令，指「□〔先〕以□〔證〕財物故不實，臧（贓）二百五十以上」，其目的在告知越宣所觸犯之罪名。

（三）建始元年（前 32）四月甲午朔乙未，臨木候長憲敢言之，爰書：雜與候史輔驗問隧長忠等七人，先以從所主及它部官卒買☐。三日而不更言請書律辨告，乃驗問隧長忠、卒賞等。辭皆曰：名郡縣爵里，年姓官除各如牒。忠等毋從所主卒及它☐。〔註 8〕

此簡簡文未完，只知臨木候長憲於漢元帝建始元年（前 32 年）四月二日爰書驗

〔註 7〕居延漢簡 229.1；229.2 簡，見勞榦撰，《居延漢簡．圖版之部》，（臺北：中央研究院歷史語言研究所，民國六十六年，再版），專刊廿一，圖版頁 443。以下引用舊居延漢簡時，除特別說明者外，圖版頁數皆以勞榦先生所撰書爲準，並簡稱其爲「圖版」。

〔註 8〕新居延漢簡 E.P.T 51：228，釋文係據文化部古文獻研究室、中國社會科學院歷史研究所、甘肅省文物考古研究所、甘肅省博物館編，《居延新簡》，（北京：文物出版社，1990 年 7 月，第一版），頁 192。以下引用新居延漢簡時，其釋文頁數皆以《居延新簡》爲準。

問忠等七人，至於驗問的原因無法全知。忠等七人似乎是爲「從所主及它部官卒買☑」一事提出申辯，因此亦含有忠等七人爰書自證之意。其中「三日而不更言請書律辨告」，表示驗問官吏向忠等七人告知爰書驗問時所需注意的律令之意。

（四）〈建武三年十二月候粟君所責寇恩事〉簡冊之 E.P.F 22：1 至 20 簡（稱爲「乙卯爰書」）與 E.P.F 22：21 至 29 簡（稱爲「戊辰爰書」）。「乙卯爰書」及「戊辰爰書」的開頭皆以「某年月日某官……爰書驗問」的形式出現，結尾則以「皆證，它如爰書」結束。又於「戊辰爰書」之末有一尾題簡（29 簡），書「・右爰書」，表示以上即爲爰書。〔註 9〕簡冊中之「乙卯爰書」爲寇恩不服候粟君所告而提出的第一份自證爰書，「戊辰爰書」則爲第二份自證爰書，究其因，則寇恩不服「甲渠候書」的指控，遂再次爰書自證。

此二份自證爰書中，皆記有「先以證財物故不以實，臧（贓）五百以上」與「辭已定，滿三日而不更言請者，以辭所出入罪反罪之律辨告」的簡文，前者表示被告寇恩所觸犯的罪名，後者表示向寇恩告知爰書驗問時需注意的律令及所供不實時所需連帶的法律責任。

（五）〈失鼓冊〉爰書。〔註 10〕所記爲秦恭申辯其未竊鼓一事的自證爰書。爰書內容如下：

> 建武四年（西元 28）三月壬午朔丁酉（十六日），萬歲候長憲□☑。
> 隧●謹召恭詣治所，先以證縣官城樓守衙（御）☑。（E.P.F 22：328）
> 而不更言請，辭所出入罪反罪之律辨告。乃爰書驗問，恭辭曰：上造居延臨仁里，年廿八歲，姓秦氏，往十餘歲父母皆死，與男同產兄良異居。以更始三年五月中除爲甲渠吞遠隧長（E.P.F 22：330）
> 代成則，恭屬尉朱卿、候長王恭。即秦恭到隧視事，隧有鼓一受助吏時尚，鼓常懸塢戶內東壁，尉卿使諸吏旦夕擊鼓。積二歲，尉罷去、候長恭斥免，鼓在隧。恭以建武三年八月中（E.P.F 22：331）
> 徙補第一隧長，至今年二月中，女子齊通耐自言責恭鼓一。恭視事

〔註 9〕關於〈建武三年十二月候粟君所責寇恩事簡冊〉之「乙卯爰書」及「戊辰爰書」的說明，可參見本文第四章〈自證爰書的書寫體例〉，第一節：「自證爰書的實例」。

〔註 10〕據初師賓、蕭亢達，〈居延簡中所見漢代「囚律」佚文考——〈居延新簡「責寇恩事」的幾個問題〉的訂補〉，《考古與文物》，1984 年第 2 期，頁 98，文中稱新居延漢簡 E.P.F 22：328～332 爲〈失鼓冊〉，今從之。不過據簡文內容推測，E.P.F 22：556 及 E.P.F 22：694，應皆屬於〈失鼓冊〉的簡牘。

積三歲，通耐夫當未□□□□鼓□將尉卿使執胡隊長李丹，持當隊鼓詣尉治所，恭本不見丹持鼓詣呑（E.P.F 22：694）

遠，爰書自證，證知者李丹、孫詡皆知狀。它如爰書。（E.P.F 22：556）

此爰書內容爲僅就取得之簡文排列，雖未能盡知秦恭供辭的全意，但得推其大意爲：萬歲候長憲於後漢光武帝建武四年（西元 28）三月十六日爰書驗問秦恭，恭辭曰：本爲居延縣臨仁里人，今年二十八歲，父母已在十餘年前雙亡，遂與兄良分居。秦恭於更始三年（西元 25）五月中任甲渠呑遠隧長，屬尉朱卿及候長王恭之吏。當秦恭於呑遠隧時，隧中有鼓一件，懸置於塢內東邊牆上，尉朱卿命令吏卒早晚擊鼓。兩年後，即建武三年，朱卿離職、王恭遭斥免，但鼓仍在隧中。秦恭於建武三年八月中徙補爲甲渠第一隧隧長，但於四年二月中，卻有一女子齊通耐向官府控告秦恭欠鼓一件。

由秦恭的供辭中，推測其爰書自證乃因秦恭認爲齊通耐誤解其夫——「當」所屬之鼓的處理情行，因她以爲秦恭竊取其鼓。E.P.F 22：329 云：

建武四年三月壬午朔己亥（十八日），萬歲候長憲敢言之，官記曰：第一隊長秦恭，時之俱起隊取鼓一，持之呑遠隊。李丹、孫詡證知狀。驗問具言前言狀。●今謹召恭詣治所驗。（《居延新簡》，頁 498）

知甲渠候官的文書中言秦恭至俱起隧取鼓一件，並帶往呑遠隧。此鼓似爲齊通耐之夫所有，而這亦應是齊通耐控告秦恭欠鼓一件的理由。秦恭於供辭中表明，至俱起隧取鼓一件，並持之呑遠隧的人是執胡隧長李丹，且李丹是受尉朱卿的命令才將鼓持回治所，故秦恭一再聲明李丹知道整個事件的過程。

於〈失鼓冊〉爰書中，有「先以證縣官城樓守衙（御）」及「不更言請，辭所出入罪反罪之律」的簡文，前者表示秦恭所觸犯的罪名，後者表示秦恭爰書驗問時所需注意的律令與所供不實需負的法律責任。

綜上所引之（一）、（二）、（三）、（四）及（五）條資料，知「自證爰書」中皆含有告知律令的內容。歸納被告爰書自證的目的，皆在爲自己申辯遭到指控之事，此類於居延漢簡「自言責」一類之訴訟案，〔註 11〕皆因被告不服指控而爰書自證，且當官吏在移送此類爰書時，將名之爲「自證爰書」，如 E.P.C：39 所云：

□□□史驗問、收責報，不服，移自證爰書，如律令。（《居延新簡》，

〔註 11〕關於「自言責」一類的訴訟案件的審理過程，可參見本文第二章，〈「爰書」定義之考辨〉，第二節：「爰書內容的格式」。

頁 548）

當被告不服指控欠債，爰書自證其未負債後，官吏移其爰書時名之爲「自證爰書」。

二、相牽證任爰書

《後漢書・馬援列傳》云：「帝怒，乃下郡縣收捕諸王賓客，更相牽引，死者以千數。」〔註 12〕知「牽」意指相互牽引，蓋指牽引出涉及案件者。「任」有保證之意，居延漢簡所見買賣契約中有「任者」一詞，爲擔保人之意，〔註 13〕《漢書・哀帝紀》注引應劭云：「漢儀注：吏二千石以上視事滿三年，得任同產若子一人爲郎。」顏師古注：「任，保也。」〔註 14〕故「任」與「證」同爲保證之意。因此，「吏卒相牽證任爰書」（E.P.T 53：173）似指吏卒之間相牽引而互爲保證的爰書。居延漢簡 29.8 云：

> ▨近倉谷里三銖五分五家，相證任伍中□。
>
> ▨尉誼臨。（圖版頁 60）

504.11 云：

> ●肩水候官吏相牽證任□。（圖版頁 86）

E.P.T 53：207 云：

> ⌈二人皆相牽證任部署□▨。（《居延新簡》、頁 294）

上引三簡都爲斷殘，未能得知文意，但皆見「某甲相（牽）證任某乙」之形式。255.7 云：

> □案（審）捕驗亡人所依倚匿處，必得，得，詣如書，毋有令吏民相牽證任爰書。以書言，謹雜與候史廉騂北亭長歐等八人、戍卒孟陽等十人，搜索部界中□亡人所依匿處，爰書相牽。（圖版頁 93）

因爰書相牽，候史廉率領十八人前往「部」中搜察逃亡之人的藏匿處所，故「吏民相牽證任爰書」的功用，應在確認此案中有哪些人應負連帶責任。另外，「自證爰書」是訴訟案件中被告不服指控而提出者，「相牽證任爰書」則

〔註 12〕見范曄撰，《後漢書・馬援傳》，章懷太子賢注，（臺北：商務印書館，民國 77 年，臺六版），卷二四，頁 380。

〔註 13〕見林甘泉，〈漢簡所見西北邊塞的商品交換和買賣契約〉，《文物》，1989 年第 9 期，頁 29 至 30。

〔註 14〕見班固撰，《漢書・哀帝紀》，顏師古注，（臺北：商務印書館，民國 70 年，臺五版），卷十一，頁 98。

在證實與案件相牽之人爲何，前者的目的是爲自己申辯，後者則在證明他人與訴訟案件相牽連。

第二節　秋射爰書及斥免官吏爰書

一、秋射爰書

「秋射」蓋指漢代邊地障、塞以下之軍政組織於每年秋季所舉行的弩測活動，地點則在候官附近。〔註 15〕漢代北方外族入侵多乘戰馬，故邊塞吏卒配備之兵器雖有長兵、短兵、射遠器及防禦器，但仍以「弩」爲最厲害之兵器，因此對障、部及隧吏卒的弩射訓練也特別重視，〔註 16〕秋射即是以弩射爲測驗項目。秋射既在檢驗平時吏卒訓練的成果，因此需依測試成績進行賞罰。居延漢簡 45.23 云：

> ●功令第卌五，候長士吏皆試射，射去埻帟，弩力如發，弩發十二矢，中帟矢六爲程，過六矢賜勞十五日。（圖版頁 131）

285.17 云：

> 功令第卌五，士吏、候長、烽隧長，常以令秋射，以六爲程，過六賜勞，矢十五日。（圖版頁 371）

45.21 云：

> ●功令第卌五，候長、士吏、𤏳長皆試射，射去埻，埻□。（圖版頁 130）

漢代之「功令」，爲一切考績署功勞之令的通稱。〔註 17〕故知依功令第卌五的規定，測試以弩射十二矢爲原則，六矢中帟爲「中程」，少於六矢爲「不中程」，〔註 18〕過六則一矢賜勞十五日。受試者則包括候長、士吏及隧長，主試者似

〔註 15〕見吳師昌廉，〈秋射——兼論秋射與都試之異同〉，《簡牘學報》，第 11 期，（1985 年），頁 194 至 195。

〔註 16〕見孫毓棠，〈西漢的兵制〉，《中國社會經濟史集刊》，第五卷第一期，（1937 年 2 月），頁 60 至 61。

〔註 17〕見陳槃，〈漢晉遺簡偶述〉，收入氏著《漢晉遺簡識小七種》，（臺北：中央研究院歷史語言研究所，民國 64 年，）專刊之六十三，「壹：以空格或圓點爲標界、功令、秋射」，頁 2。

〔註 18〕見陳槃，〈漢簡賸義再續〉，收入氏著《漢晉遺簡識小七種》，「肆：中程、不中程」，頁 104。

爲候官之障候及塞尉。〔註 19〕當測試完畢，由候官編成「秋射名籍」送往都尉府，再由都尉府移送太守府，使其核定賜、奪勞之事。〔註 20〕

「秋射賜勞名籍」的內容如下所舉，居延漢簡 145.37 云：

〼建昭元年（前 38）秋射，發矢十二，中帠矢，以令賜勞。（圖版頁 166）

232.21 云：

〼射發矢十二，中帠十二，賜勞□。（圖版頁 50）

E.P.T 50：18 云：

張掖居延甲渠塞有秩候長公乘樊立，鴻嘉三年（前 18）以令秋試射，發矢十二，中帠矢十二。（《居延新簡》，頁 153）

E.P.T 51：95 云：

居延甲渠候官第廿七隧長士伍李宮，建昭四年以令秋射，發矢十二，中帠矢六，當……。（《居延新簡》，頁 234）

當受試者射中帠六矢以上，將依「功令第卌五」的規定給予賜勞，故有「賜勞名籍」，如居延漢簡 49.14 云：

右秋以令射，二千石賜勞名籍，及令〼。（圖版頁 142）

此爲太守府下達的秋射「賜勞名籍」。另外，對於「不中程」者，亦有「奪勞名籍」，如居延漢簡 206.21 云：

●右秋射二千石以令奪勞名籍，及令。（圖版頁 298）

此「奪勞名籍」應爲太守府針對秋射不中程者而發。當太守府下達秋射賜、奪勞名籍於都尉府後，再由其轉報候官，由障候通告各受試者，受試者若認爲賜、奪勞有所不公，便可爰書自證，稱爲「秋射爰書」。

以下之（六）、（七）、（八）及（九）條資料所記之內容即爲秋射爰書：

（六）〼□候長賢自言常以令秋射署功勞，即石力賢。

〼□數于牒。它如爰書敢言之。（6.13，圖版頁 193）

（七）〼長安世自言常以令秋射署功勞〼。

〔註 19〕見吳師昌廉，〈秋射——兼論秋射與都試之異同〉，《簡牘學報》，第 11 期，（1985 年），頁 169。

〔註 20〕關於漢代邊塞吏卒賜勞權所屬的問題，主張屬太守府者有永田英正，見氏撰、陳鴻琦譯，〈試論居延漢簡中的「候官」——以破城子出土的「詣官」簿爲中心——〉，《簡牘學報》，第 7 期，（1980 年），頁 304；另有吳師昌廉，見〈秋射——兼論秋射與都試之異同〉，頁 192 至 193。

☑中帑矢數于牒。它如爰☑。（227.15，圖版頁 318）

（八）☑候令史齊敢言之，爰書□☑。

☑射候漢彊前令史齊署當□☑。（E.P.T 53：69，《居延新簡》，頁 285）

（九）甘露二年（前 52）八月戊午朔丙戌甲渠令史齊敢言之，第十九隧長敞自言當（常）以令秋射署功勞，即石力發弩矢□弩臂皆應令，甲渠候漢彊、守令史齊署發中矢數于牒。它如爰書。（E.P.T 53：138，《居延新簡》，頁 290）

所引之第（六）、（七）及（九）條資料中，皆記署「中帑矢數于牒」，究其因似為候長或隧長曾「自言」某吏（或己身）秋射署功勞事，因此才提出中帑矢數于牒的證明。第九條資料中言：「弩臂皆應令」，此乃因參予秋射之受試者皆需依規定攜帶弩測時之用具，齊全與否並列入考核，故第十九隧長敞於申訴時表明自己亦依規定攜帶各種弩測器具，並無違規事項。

由這四條資料得知，秋射爰書的申覆內容有兩項，一是中帑矢數的多寡，二是關於秋射時器具準備是否齊全，此二項考核皆影響受試者的賜奪勞。當秋射測試完畢，障候將「中程」與「不中程」者編成「秋射名籍」上報，待太守府下達「賜、奪勞名籍」後，受試者若認為不公平，得「自言」於候官，並爰書自證。

有學者認為秋射測試完畢後，候官將「中程」者編成「秋射名籍」，「不中程」者編成「秋射爰書」，不過筆者認為這種區分有可議之處，其原因有三，一是既署名「秋射名籍」則不應將「中程」與「不中程」者分別成不同的文書上報，「秋射名籍」中應包括參加弩測之全部受試者的成績。二是由以上所引的「秋射爰書」簡，除第（八）條外，其他的（六）、（七）及（九）簡中皆有「自言」一語，而居延漢簡中「自言」一語的意思表示向官府提出申覆某事之意，〔註 21〕「秋射爰書」中的「自言」亦應當以此視之。因此，以第（九）條資料為例，第十九隧長敞何以要「自言」於「甲渠令史齊」呢？這由「甲渠候漢彊、守令史齊署發中矢數于牒」一句可見端倪。蓋秋射成績之認定以發中帑矢數為標準，賜勞規定則依「功令卌五」，因此，第十九隧長敞之所以「自言」，是因障候所呈報的「秋射名籍」誤載其中帑矢數，導致太守

〔註 21〕關於居延漢簡「自言」一詞的意思，可參見本文第二章，〈「爰書」定義之考辨〉，第二節：「爰書內容的格式」，頁 26 至 50。

府賜、奪勞不確，或因太守府不依規定賜勞，故敞「自言」其「以令秋射署功勞」之事，而障候亦再記其「發中矢數于牒」，以證明其自言之事。三是漢代邊塞的秋射弩測活動由候官舉辦，故理應由障候上報測試結果，但第（六）條資料記「自言」者爲「候長賢」，第（九）條記「自言」者爲「第十九隧長敞」，申覆者皆爲受試之人，可見甲渠障候製發秋射爰書的原因，是爲參加秋射之受試者的申訴而作，而非爲上報秋射成績而做。況且若確定受試者爲「不中程」，則太守府依法進行奪勞的懲罰，並不會引起「不中程」者的不服心態。故「秋射爰書」是參加弩測的受試者，因成績所造成的賜、奪勞不公或不確時，「自言」於候官，候官署其「發中矢數于牒」，證明申覆者的秋射成績或「石力發弩矢□弩臂皆應令」後，而再次呈報的文書。「秋射爰書」雖爲證明文書，卻帶有行政訴訟的意味。

至於「秋射爰書」的傳達，因史料限制，尚無法確知。其由候官製發，理應呈報至擁有賜奪勞權力的單位；以吳昌廉師的研究，漢代邊塞組織的太守府或爲秋射成績賜奪勞的單位，〔註 22〕不過 E.P.T 56：182 云：

> 五鳳二年（前 56）九月庚辰朔己酉，甲渠候☑。
>
> 喿纏中，封移都尉府，謹移福射中□□《居延新簡》，頁 320）

若簡文亦記秋射之事，則此爲呈報都尉府的文書，然而是否必須再往上呈報太守府，目前不能確定，故仍暫以太守府爲秋射賜、奪勞之單位。

二、斥免官吏爰書

居延漢簡所見漢代邊塞組織的軍隊人事制度，其吏卒之任職有一定的資格限制，〔註 23〕任職後若無法勝任或不稱職，皆得依法處置。以下之（一○）及（一一）條資料，載錄了斥免官吏之事：

> （一○）☑□里上造張憙，萬歲候長居延沙陰里上造郭始，不知犢蓬火、兵弩不檠持，憙□☑。
>
> ☑□斥免。它如爰書敢言之。（E.P.T 59：162，《居延新簡》，頁 370）

〔註 22〕見吳師昌廉，〈秋射——兼論秋射與都試之異同〉，《簡牘學報》，第 11 期，（1985 年），頁 192 至 193。

〔註 23〕見邢義田，〈從居延漢簡看漢代軍隊的若干人事制度——讀《居延新簡》札記之一——〉，《新史學》，（臺北：新史學雜誌社，1992 年 3 月），第三卷 1 期，頁 95 至 130。

候長之職務為：「循行部界中，嚴教吏卒，驚烽火、明天田、謹斥候、候望，禁止往來行者，定烽火，輩送便兵戰鬥，具毋為虜所幸。」（居延漢簡 278.7，圖版頁 444），此為候長戰時應負之全責，亦是平時督責之目標。〔註 24〕候長督責候史、隧長執行勤務，若屬吏行塞卻不循行，必罪至坐之，如新居延漢簡所見之「候史廣德坐不循行部」，即為候史「坐」不循行而獲罪之例，〔註 25〕此時亦需論處候長督責不實之罪。

邊塞防衛系統以烽火傳報匈奴入寇之事，故有「品約」（參見 E.P.F 16 探方出土漢簡）規定舉烽事項，此爰書中之「不知犢蓬火」蓋指未盡督責戰時舉烽火或平時烽火備料之事，已危害邊塞防衛系統。而「兵弩不槃持」則指未對部內守禦兵器負起維護之責，居延漢簡有「守御器簿」，皆在記錄各單位防備守衛之兵器的維護狀況，〔註 26〕故「兵弩不槃持」之罪可能是上級稽查其守禦器時，以其不備，遂定為此罪行。總之，萬歲候長郭始未盡己職，故斥免之。

（一一）☐兵弩不槃持。案業軟弱不任吏職，以令斥免。它如爰書敢。

（E.P.F 22：689，《居延新簡》，頁 521）

「軟弱不任吏職」指無法勝任己職，為對官吏本身能力的懷疑。此爰書所記，業因「兵弩不槃持」，而被判以「軟弱不任吏職」之罪。居延漢簡 231.29 云：

貧急，軟弱不任職，請斥免，可補者名如牒書☐。〔註 27〕

此亦以「軟弱不任職」斥免官吏，不過原因為「貧急」，是知任官吏者仍有財產限制。「不勝任」之罪名，亦見於文獻中，如《漢書・武帝紀》云：

今詔書昭先帝聖緒，令二千石舉孝廉，……不舉孝、不奉詔，當以不敬論，不廉察、不勝任，當免。奏可。〔註 28〕

二千石親為宰牧，察無賢人為不勝任，當免之。又〈尹賞傳〉云：

〔註 24〕見吳師昌廉，〈漢代邊塞「部」之組織〉，《簡牘學報》，第 11 期，(1985 年)，頁 168。

〔註 25〕見永田英正，〈「候史廣德坐罪行罰」檄考〉，收入李學勤主編，《簡帛研究》，第一輯，(北京：法律出版社，1993 年)，頁 177 至 183。

〔註 26〕見初師賓，〈漢邊塞守御器被考略〉，收入甘肅省文物工作隊、甘肅省博物館編，《漢簡研究文集》，(甘肅：人民出版社，1984 年)，頁 142 至 222。另永田英正撰、謝桂華譯，〈居延漢簡集成之二——破城子出土的定期文書(二)〉，收入《簡牘研究譯叢》第二輯，頁 85 至 98。

〔註 27〕見中國科學院考古研究所編，《居延漢簡甲乙編》，(北京：中華書局，1980 年，第一版)，《乙編》、圖版頁 172。

〔註 28〕見《漢書・武帝紀》，卷六，頁 52。

（尹賞）戒其諸子曰：丈夫爲吏，正坐殘賊免，追思其功效則復進用矣，一坐軟弱不勝任免，終身廢棄無有赦時，其羞入甚於貧污坐臧，愼毋然。〔註29〕

尹賞言官吏軟弱不勝職遭免，終身不復錄用。可見「軟弱不任吏職」或「不勝任」之罪名，皆需論以免職的行政處罰。

（一二）建武桼年（西元 31）十月辛酉朔壬戌，主官令史譚敢言之，爰書：不侵候長居延中宿里□業主亭隧桼所，听呼不繕治。言之。（E.P.F 22：700，《居延新簡》，頁 522）

「繕治」謂修繕補治也，《漢書・元帝紀》云：「其令諸宮館希御幸者勿繕治」，顏師古注：「繕，補也。」〔註30〕故此爰書所記之「不繕治」應指「不侵候長□業」本轄管七處亭隧，〔註31〕卻不加修補防禦設施。雖然此條資料未顯示斥免「□業」的訊息，但依其文意推測，應該對「□業」有所懲罰才對，或即可能斥免之。

以上所引之第（一○）及（一一）條爰書內容，所記皆屬斥免吏職之事，但居延漢簡尚未見其爰書名稱，筆者暫稱此類爰書爲「斥免官吏爰書」。

另又有以爰書報告官吏調職之事，如新居延漢簡 E.P.T 59：57 云：

（一三）始建國天鳳二年（西元 15）桼月丙申朔戊戌，第十候長齊敢言之，爰書：第十二隧戍卒宣，調當曲隧☐。爰書敢言之。（《居延新簡》，頁 363）

知第十候長以爰書報告調任第十二隧戍卒宣至當曲隧。漢代邊塞組織中，或以都尉府擁有任除下屬吏職之單位，如 E.P.T 56：363 云：

封報居延，肩水都尉府書：除俱起隧長刑齊□□當曲隧□，移都尉府。●一事一封。十月令史齊封。（《居延新簡》，頁 332）

知肩水都尉府得任除下屬吏職。又居延漢簡 97.10；213.1 云：

九月乙亥，觻得令延年、丞置敢言之，肩水都尉府移肩水候官，告尉謂東西南北都☐。

義等補肩水尉史、隧長、亭長、關佐各如牒，遣自致。越候王步光、

〔註29〕見《漢書・尹賞傳》，卷九○，頁 1105。

〔註30〕見《漢書・元帝紀》，卷九，頁 83。

〔註31〕亭、隧是爲相同之組織，爲部所轄。參見勞榦，〈釋漢代之亭障與烽燧〉，收入《勞榦學術論文集甲編》，（臺北：藝文印書館，民國 65 年），頁 711 至 720。

成敢、石胥成皆▨。

書牒署從事，如律令敢言之。(圖版頁 19)

知新吏補職，都尉府即要求候官通告所屬單位，亦見都尉府需掌握下屬單位的人事佈局。既然都尉府得除補官吏，則斥免官吏之權當亦屬之。新居延漢簡 E.P.T 51：319 云：

●甲渠言鉼庭士吏李奉、隧卒陳安國等，年老，請斥免。言府。●

一事集封。▨。(《居延新簡》，頁 119)

則請斥免官吏時需上報都尉府，故知斥免官吏爰書亦需上報都尉府，以作爲「以令斥免」某官吏的證明文書。

第三節　貰賣衣財物爰書、疾病爰書及毆殺爰書

一、貰賣衣財物爰書

由居延漢簡所見的買賣關係，除發生於吏卒、吏民之間外，官府與民間亦存在買賣行爲，買賣物品的種類極爲繁雜，其中以衣物的數量最多。衣物的來源除吏卒自行攜帶者外，有官府發給者，如居延漢簡 509.26 云：

戍卒濟陽郡定陶池上里史國

縣官帛□袍一□□三斤　　縣官枲履二兩

縣官帛裘襲一領四斤四兩　　縣官沒絑二兩

縣官帛布二兩一領　　縣官□□二兩

縣官帛布絝一兩七斤　　縣官革履二兩不閣

縣官裘一領不閣(圖版頁 81)

由簡文「縣官」一語得知，其所列之衣物皆爲國家提供者。〔註 32〕然而，官府給予衣物之意雖在嘉惠吏卒，且一再申令不得販賣，如居延漢簡 4.1 云：

二月戊寅張掖大守福、庫丞熹兼行丞事，敢告張掖農都尉、護田校尉府卒人。謂縣律曰：臧它物非錢者，以十月平賈計。案戍田卒受官袍衣物，貪利貴，賈貰予貧困民，吏不禁止，浸益多，又不以時驗問。

〔註 32〕可參見米田賢次郎撰、余太山譯，〈秦漢帝國的軍事組織〉，收入中國社會科學院歷史研究所戰國秦漢史研究室編，《簡牘研究譯叢》，第二輯，(北京：中國社會科學出版社，1987 年)，頁 181。

（圖版頁 380）

太守府曾下達文書表明吏卒任意貰賣官物於貧困之民，且往往擡高其值以賣之，官吏又不禁止，導致貰賣事件越來越多。事件發生後，官吏不依時驗問原因，使吏卒更加妄意爲之。可見，上級曾明定不得販賣官府衣物，但此種行爲仍舊發生。〔註 33〕因此，官府就以「戍卒貰賣衣財物名籍」（E.P.T 59：47）、「行道貰賣衣物名籍」（E.P.T 56：265）或「貰賣官物簿」（271.15，圖版頁 306）來記錄各種交易情況。

居延漢簡常見的貰賣名籍有「戍卒行道貰買衣財物名籍」（E.P.T 56：253）、「戍卒行道貰賣衣財物名籍」（E.P.T 53：218）、「戍卒貰賣衣財物名籍」（E.P.T 59：47）、「亭卒不貰買名籍」（564.25，圖版頁 48）及「部卒貰賣衣物騎司馬令史所名籍」，這些名籍有以「戍卒」、「亭卒」或「部卒」字樣，表示貰賣、買行爲的身分，而注明「行道」者，則表示貰、買行爲的發生也點，注明「某所」者，就表示貰賣物品於何處。貰賣名籍的製發通常由「部」來完成，再移送於候官，〔註 34〕目的在報告吏卒發生的買賣行爲。另有「卒居署貰賣官物簿」，此簿之內容在記錄吏卒所貰賣之官物的流動情況。因此，由貰賣籍、簿來看，「籍」中所記之貰賣人多爲邊塞組織的吏卒，「簿」中所記的貰賣物則亦有官物；或可知有關貰賣衣物的「籍」、「簿」，其功用即在記錄吏卒之買賣行爲、官物之流向及官府會計支出的狀況。

既發生買賣行爲，則易造成債物糾紛。糾紛時通常透過官府來催討財物，而若被告不服指控，得爰書自證。於貰賣名籍中記有「自言（行道）貰賣」（206.28，圖版頁 224）或「自言賣」（213.49，圖版頁 16）一類者，如 206.3 云：

> □自言貰賣系一斤，直三百五十，又麴四斗，直卅八，驚虜隧長李故所。（圖版頁 225）

〔註 33〕居延漢簡所見，漢代政府曾下令無得販賣衣物，又如居延漢簡 213.15 云：

> 毋得貰賣衣財物。大守不遣都吏循行□
>
> 嚴教受卒，官長吏各封臧。（圖版頁 9）

在此亦明言不得貰賣衣財物。雖官府申令不得買賣，但戍卒解職後，官給衣物仍屬之，故亦得從事買賣。有關吏卒貰賣衣服之研究，另見林甘泉，〈漢簡所見西北邊塞的商品交換和買賣契約〉，《文物》，1989 年第 9 期，頁 28；角谷常子，〈居延漢簡にみえる賣買關係簡についての一考察〉，《東洋史研究》，第五十二卷第四號，（平成二年三月），頁 11。

〔註 34〕見吳師昌廉，〈居延漢簡所見之「簿」「籍」述略〉，《簡牘學報》，第 7 期，（1980 年），頁 163。

由簡文「自言」一語推知其意爲某人向官府提出貰賣系一斤及麴四斗於李故所的訴訟案，即向官府告發此案之意。當官吏審問李故，若李故未貰買「自言者」之物，則可爰書自證未買受其物，而此爰書即稱爲「貰賣爰書」，如 E.P.T 57：97 云：

> 〼得毋有侵假藉貸錢財物出，恵貿易器。
> 簿不貰賣衣物、刀劍，衣物客吏民所。證所言。它如爰書敢言之。
> （《居延新簡》，頁 344）

《說文解字》六下「貝部」云：「貰，貸也」，《廣雅》云：「貰，賒也」，故貰賣表示債權人先行付貨，債務人日後再行付款之意。此爰書的目的在證明「不貰賣衣物、刀劍，衣物客吏民所」，此乃因居延地區買賣行爲的成立需經過立「券」及「任者」擔保的過程始得成立，〔註 35〕故 E.P.T 51：338 云：「貰券課」，即是買賣行爲中所立之券的匯集。因此，上引爰書中，當事人爰書自證的目的，似在說明未貰賣財物於「客吏民所」，其內容應屬於「不貰賣爰書」（E.P.T 56：82）。

二、疾病爰書

此類爰書內容包含吏卒與驛中馬疾病或死亡者。居延漢簡所記吏卒的疾病種類眾多，「病卒名籍」（4.4A、B 簡，圖版頁 379、389）中多有記載。蓋居延地區爲漢代北方邊塞之地，疾病相對容易產生。居延漢簡中有「吏卒疾病名籍」以記錄患病吏卒之姓名、疾病症狀及治瘉情況。而疾病爰書便在證明吏卒實已發病，且經治療並無起色。如 52.12 云：

> 〼當遂里公乘王同即日病，頭恿寒炅，小子與同𨽻□。
> 〼飲藥廿齊不偷。它如爰書敢言之。（圖版頁 190）

其「偷」字同「愈」，「不偷」指病情未見好轉。〔註 36〕此簡內容，或以王同已病，並經飲藥二十劑後亦未見起色，故以爰書報告上級。E.P.T 59：157 云：

> □西安國里孫昌，即日病，傷寒頭廬、不能飲食，它如。（《居延新簡》，頁 369）

此簡末尾當缺「爰書」二字，內容則記孫昌病情，已至無法飲食。可見「吏

〔註 35〕關於居延地區買賣行爲需立「券」及具「任者」之擔保過程的研究，可參見林甘泉，〈漢簡所見西北邊塞的商品交換和買賣契約〉，《文物》，1989 年第 9 期，頁 29 至 30。

〔註 36〕見陳槃，〈漢簡賸義再續〉，收入氏著《漢晉遺簡識小七種》，「貳：偷、愈字通」，頁 101。

卒疾病爰書」是在報告吏卒疾病的種類、病狀及治愈情況，證明吏卒已無法繼續任職，或爲請假之依據。

吏卒病病時，通常先以病書向上級報告，並請求離職就醫的許可，如 58.26 云：

病年月日，署所病偷不偷，報名籍候官如律令。（圖版頁 200）

知吏卒疾病時需呈報其病發日期、病情狀況於上級。E.P.F 22：80 至 82 云：

建武三年（西元 27）三月丁亥朔己丑，城北隧長黨敢言之，迺二月壬午病，加兩脾雍種、匈脅丈滿、不耐食飲，未能視事，敢言之。三月丁亥朔辛卯城北守候長匡敢言之，謹寫移隧長黨病書如牒敢言之，今言府請令就醫。

知城北隧長移病書於守候長匡，匡再將病書移至候官並要求訴之於府，以離職就醫。於病癒之後，亦需呈報上級，以復其職，如 185.22 云：

甲渠言：士吏孫猛病有瘳視事言府。●一事集封。（圖版頁 264）

病情轉好可再度任職，亦須呈報上級。因此，吏卒疾病爰書的功用是作爲向上級報告吏卒已病至無法繼續任職，而要求申請病假之證明文書。

另又有以爰書報告驛中馬病死者。居延漢簡記載馬的文書中，「驛馬」與「傳馬」雖皆置於「驛」中，且皆作爲傳遞文書之用，但其間亦有區別，前者當指「驛騎」在每個驛站替換馳行時所用之馬，後者則爲駕車時所用的馬，不過「傳馬」的地位逐漸被「驛馬」取代，至三國時已徒有其名而已。〔註 37〕漢代邊塞的馬匹，於戰時擔任戰士騎乘之工具，平時則擔負戍卒警戒或傳遞文書的交通工具，佔有重要角色，故政府對其飼養及管理相當重視，如 155.8 云：

治馬頭涕出方，取戎鹽三指挾三□☑。（圖版頁 98）

此爲治馬醫方；〔註 38〕另《流沙墜簡・方技類・醫方》中亦見治馬醫方簡。〔註 39〕可見漢代政府對於馬匹的照顧相當重視。

當驛中馬死亡，必需向上級解釋原因，而「驛馬病死爰書」即被當作說

〔註 37〕見森鹿三撰、姜鎮慶譯，〈論居延簡所見的馬〉，收入《簡牘研究譯叢》，第一輯，頁 75 至 85。

〔註 38〕此治馬醫方亦見《神農本草經》所列戎鹽的第一個效能，即「明目目痛」；詳見森鹿三撰、姜鎮慶譯，〈論居延漢簡所見的馬〉，收入《簡牘研究譯叢》，第一輯，頁 98。

〔註 39〕見羅振玉、王國維編著，《流沙墜簡》，（北京：中華書局，1990 年）〈小學術數方技書〉類，圖版頁 22。

明其死亡原因的證明文書。敦煌漢簡 1301 簡云：

> 神爵二年十一月癸卯朔乙丑，懸泉廄佐廣德敢言之，爰書：廄御千乘里畸利謹告曰：所使食傳馬一匹，騟牡左剽入，坐肥、齒二歲、高三尺一寸，□頭□柱送日逐王，乘至冥安病死。即與御張乃始 V 冷定褋診，馬死身完毋兵刃木索迹，病死。審證之。它如爰書敢言之。〔註 40〕

驛馬通常必需記錄之，故有「驛馬名籍」（284.2，圖版頁 64），由此爰書內容來看，知名籍中需要注明馬之功用（傳馬）、毛色（騟：紫色）、性別（牡）、年齡（齒二歲）及型態（坐肥及高三尺一寸），其記錄的功用在於瞭解馬匹的狀況。簡文中之「廄」當指養馬之處，「褋」古通「集」，〔註 41〕故「褋診」當指廄佐廣德與御者張乃始二人一起前往檢驗之意。懸泉置廄佐廣德之所以呈報此爰書，應是爲傳馬病死一事提出報告，並證明畸利所告此馬爲病死之說，經檢驗之後確證非人爲所致，爲病死無誤。

三、毆殺爰書

居延漢簡記有吏卒鬥毆事件，而「毆殺爰書」除記錄此類內容外，主要目的是作爲向上級報告案件的調查結果文書，如 E.P.T 57：85 云：

> □□寅士吏強兼行候事敢言之，爰書，戍卒穎川郡長社臨利里樂德、同縣安平里家橫告曰：所爲官牧橐他戍，夜僵臥草中，以□行；謹案德橫□到橐他尉辟推，謹毋刀刃木索迹。德、橫皆證所言。它如爰書敢。（《居延新簡》、頁 343）

「辟推」意爲調查追究案情，《說文解字》九上「辟部」云：「辟，法也，从卩，从辛，節制其辠，从口，用法者也」，《三國志・管寧傳》注引《先賢行狀》云：「遂使人推之，乃昔時盜牛人也」，〔註 42〕故「推」有推究之意。此簡所記之「樂德」及「家橫」當爲內郡屯戍邊塞之民，爰書記：樂德及家橫告曰：至橐他隧戍，發現某人「夜僵臥草中」，因此兼行候事的士吏強派遣德

〔註 40〕甘肅省文物考古研究所編，《敦煌漢簡》，（北京：中華書局，1991 年，第一版），圖版頁 138。

〔註 41〕見陳槃，〈漢晉遺簡偶述之續〉，收入氏著《漢晉遺簡識小七種》，「『褋簿』即『集簿』亦即四時言事」，頁 41。

〔註 42〕見陳壽，《三國志・魏志》，（臺北：商務印書館，民國 77 年，臺六版），卷一一，頁 169。

橫（或即爲樂德與家橫）至櫜他尉推辟，勘驗的結果證明無刀刃傷及勒繩的痕跡，士吏強遂以爰書報告結果。又 E.P.T 58：46 所記，或亦爲毆殺爰書之內容，其簡文云：

> □內郡蕩陽邑焦里田亥告曰：所與同郡縣□▨
>
> ▨□死亭東內中東首正偃、冒冥口吟、兩手捲足、展衣▨
>
> □當，時死身完毋兵刃木索迹，實疾死，審皆證▨。（《居延新簡》，頁 352）

知田亥告某人死亭東，並描述其死狀；官吏因其所告，派人前往勘驗，證明此人「毋兵刃木索迹」，確爲病死，故以此爰書上報之。另外，又有以爰書上報畜產是否遭略殺者，如 306.12 云：

> ▨北部候長當敢言之，爰書：隧長蓋之等，乃辛酉日出，時
>
> ▨長移往來行塞下者，及畜產毋爲虜所殺略者，證之審。（圖版頁 543）

可知當隧長蓋之等行塞下巡視轄區中有無畜產遭殺略者後，需將其巡查結果上報候長，再由候長以爰書向上級報告，證明蓋之等巡查的結果確實無畜產遭略殺。故此爰書亦作爲向上級報告與證明某事之文書。

綜上所述之爰書內容，知自證爰書爲債務訴訟案件中，被告不服指控而提出的申辯文書，其內容以「告知律令」者最爲特殊，此外亦記錄爰書自證者對案情的陳述與驗問官吏對案件所作的「決言」。相牽證任爰書，是作爲證明與案件相牽連之人的文書，官吏藉此爰書，再行追捕罪犯。秋射爰書，則作爲參予弩測受試者對於太守府賜、奪勞不公而提出申覆的證明文書。斥免官吏爰書，是作爲上級免除吏職的說明及證明文書，而調任官吏爰書，功用亦是如此。貰賣衣財物爰書，是某人證明其貰賣衣財物於某人的文書。疾病爰書，則爲向上級報告某吏卒已病情惡化，無法續任職務的文書，但尚可概分爲人與驛馬的疾病爰書兩種，驛馬的疾病爰書是作爲報告馬匹疾病或死亡之原因及調查結果的文書。毆殺爰書，是作爲官吏調查刑事案件後的報告文書，但通常可再分爲人與畜產的毆殺爰書。

從出土漢簡所見爰書名稱與內容的關係來看，知爰書名稱的出現是官吏在移送爰書內容時所加，加上某名稱的原則乃依據其內容而定。若依此原則，則除斥免官吏、調任官吏、報告吏卒失職及報告畜產是否遭到殺略的爰書內容外，皆可從漢簡中尋得與名稱相符的內容。在說明爰書內容後，可得以下三項關於爰書的理解：（1）爰書是由官吏所撰寫，不由案件當事人撰寫。（2）

爰書內容的範圍約可分為兩類，一是關於訴訟案件者，如自證爰書，一是不關訴訟案件者，如斥免官吏爰書及疾病爰書。（3）爰書的性質可分為三類，一是申辯書，如自證爰書，二是案件調查報告書，如毆殺爰書，三是證明文書，如疾病爰書，但這三種性質的劃分並非明顯，通常三種性質兼有之。

第四章　自證爰書的書寫體例

出土漢簡中的爰書雖然看似繁雜，但其內容仍有一定之格式，依其格式便可找出爰書內容，而再依其內容就可將其歸類。漢簡中的爰書，大概可分爲七類，其中以「自證爰書」的書寫格式最爲特殊，此乃因「自證爰書」是訴訟案件中被告的申辯文書，故當驗問被告的官吏將其供辭寫成爰書時，對於爰書內容的安排必須遵守一定之格式，使「自證爰書」眞正具備訴訟案件中被告之申辯文書的角色。出土漢簡中以〈建武三年十二月候粟君所責寇恩事〉簡冊之自證爰書內容最爲完備，且絕大部份簡文皆可釋讀，因此欲以此簡冊之自證爰書爲範本，參考其他自證爰書之內容，以見其內容的書寫格式。

第一節　自證爰書的實例——〈建武三年十二月候粟君所責寇恩事〉

一、簡文釋讀與案情說明

新居延漢簡破城子第二二探方出土的〈建武三年十二月候粟君所責寇恩事〉簡冊，記載後漢初期邊塞的一件財物訴訟案，該簡冊可能是訴訟案的部份原始檔案。簡冊共三十六枚木簡，約一千七百餘字，內容涉及後漢初的司法制度及西北地區的經濟生活，寫實地記錄下當時的訴訟程序與百姓的生活狀況，更重要的是，它提供了兩份完整的自證爰書形式。簡冊出土時分兩部份捲在一起，第一至二十號簡爲一束，裹在裡面，第二一至三五號簡爲一編，捲在外面，簡三六號出土於附近。不過原編繩已朽爛脫落，整理小組依原排列次序，個別進行調整，予以編號，再加釋文、標點。簡冊簡影圖片攝於《文物》，1978年第1期，頁20至23，同期整理小組發表〈釋文〉。〔註1〕從簡文獲知訴訟案的雙方，一爲甲渠候官的障候，姓粟，〔註2〕另一爲客居居延都鄉的百姓，叫寇恩。筆者首先由釋讀簡文著手，再分析兩方財物糾紛的問題所在，因這正是造成兩方爭訟於官府的原因。以下抄錄簡文、重新標點及編排簡號，以利說明。校補簡文時，多據裘錫圭〈新發現的居延漢簡的幾個問題〉一文。〔註3〕

（1）建武三年（前 27）十二月癸丑朔乙卯，都鄉嗇夫宮以廷所移甲渠候書召恩詣鄉。先以證財物故不

（2）以實，臧（贓，下同）五百以上；辭已定，滿三日而不更言請者，以辭所出入罪反罪之律辨告，乃

（3）爰書驗問。恩辭曰：潁川昆陽市南里，年六十六，姓寇氏。去年十二月中，甲渠令史

（4）華商、尉史周育，當爲候粟君載魚之觻得賣，商、育不能行。商即出牛一頭：黃、特、齒

（5）八歲，平賈（價，下同）直（值，下同）六十石，與交〔註4〕穀十五石，爲〔穀〕（據第22號簡補）七十五石。育出牛一頭：黑、特、齒五歲，平賈直六十石，與交

（6）穀卌石，凡爲穀百石，皆予粟君，以當載魚就（僦，下同）直。時，粟君借恩爲就，載魚五千頭

（7）到觻得，賈直：牛一頭、穀廿七石，約爲粟君賣魚，沽出時行錢卌萬。時，粟君以所得商牛黃

（8）特齒八歲、以穀廿七石予恩顧（雇）就直。後二～三〔日〕（據

〔註1〕見甘肅居延考古隊簡冊整理小組，〈「建武三年候粟君所責寇恩事」釋文〉，《文物》，1978年第1期，頁30、31。以下簡稱整理小組所刊之簡冊釋文爲〈釋文〉。

〔註2〕見俞偉超，〈略釋漢代獄辭文例——一份治獄材料初探〉，《文物》，1978年第1期，頁35。俞氏認爲漢代無粟姓，又粟、粟往往相通，因此應姓栗。又《居延新簡》，頁490，E.P.F 22：187A 簡云：「建武三年十二月癸丑朔，甲渠障候獲叩頭死罪死罪敢言之。」丁巳爲初五，時粟君正爲甲渠障候，故知獲爲其名。但俞氏文中有 E.P.F 22：187 簡之摹本，見其「獲」字應爲「發」，俞氏亦名之爲「發」。見頁35。

〔註3〕見裘錫圭，〈新發現的居延漢的幾個問題〉，《中國史研究》，1979年第4期，頁104至108。

〔註4〕「交」〈釋文〉作「它」，第22簡同，據裘氏文。

第 23 號簡補）當發，粟君謂恩曰：「黄、特，微庾（瘦），所得〔註 5〕

（9）育牛黑、特，雖小，〔註 6〕肥，賈直俱等耳，擇可用者持行。」恩即取黑牛去，留黄牛，非從

（10）粟君借輝（運）牛。〔註 7〕恩到觻得，賣魚盡，錢少，因賣黑牛，并以錢卅二萬付粟君妻業，

（11）少八歲（應爲「萬」）。恩以大車半㯻軸一，直萬錢；羊韋一枚爲橐，直三千；大笥一合，直千；一石

（12）去盧一，直六百；㯼索二枚，直千，皆置業車上。與業俱來，還到第三置，

（13）恩糴大麦二石付業，直六千；又到北部，爲業賣（應爲「買」）肉十斤，直穀一石，石三千；凡并

（14）爲錢二萬四千六百，皆在粟君所。恩以負粟君錢，故不以取器物。又恩子男欽

（15）以去年十二月廿日爲粟君捕魚，盡今〔年〕（據第二六號簡補）正月、閏月、二月，積作三月十日，不得賈直。時，

（16）市庸平賈大男日二升（應爲「斗」），爲穀廿石。恩居觻得付業錢時，市穀決石四千。以欽作

（17）賈穀十三石八斗五升，直觻得錢五萬五千四，凡爲錢八萬，用償所負錢

（18）畢。恩當得欽作賈餘穀六石一斗五升付。恩從觻得自食、爲業將車到居延，〔註 8〕

（19）〔積〕（據第二七號簡補）行道廿餘日，不計賈直。時，商、育皆平牛直六十石與粟君，粟君因以其

（20）賈予恩，已決，恩不當予粟君牛不相當穀廿石。〔註 9〕皆證。

〔註 5〕「黄、特，微庾」〈釋文〉作「黄特微庾」；「庾」〈釋文〉作「庾」，第 24 簡同，據裘氏文。

〔註 6〕「黑、特，雖小」〈釋文〉作「黑特雖小」，第 24 號簡同。

〔註 7〕「輝牛」〈釋文〉作「𤛛牛」。

〔註 8〕「自食、爲業將車」〈釋文〉作「自食爲業將車」。

〔註 9〕「粟君因以其賈予恩，已決」〈釋文〉作「粟君因以其賈予恩已決」；「恩不當予粟君牛不相當穀廿石〈釋文〉作「恩不當予粟君牛，不相當穀廿石」，第 28 號簡同，據裘氏文。

它如爰書。〔註10〕

（21）建武三年十二月癸丑朔戊辰，都鄉嗇夫宮以廷所移甲渠候書召恩詣鄉。先以證財物故不以實，臧五百以上；辭以定，滿三日而不更言請者，以辭所出入罪反罪之律辨告，乃爰書驗問。恩辭曰：潁川昆陽市南里，年六十六，姓寇氏。去年十二月

（22）中，甲渠令史華商、尉史周育，當爲候粟君載魚之觻得賣，商、育不能行。商即出牛一頭，黃、特、齒八歲，平賈直六十石，與交穀十五石，爲穀七十五石。育出牛一頭，黑、特、齒五歲，平賈直六十石，與交穀卌石，凡爲穀百石，皆予粟君，

（23）以當載魚就直。時，粟君借恩爲就，載魚五千頭到觻得，賈直牛一頭、穀廿七石，〔約〕（據第七簡補）爲粟君賣魚，沽出時行錢卌萬。時，粟君以所得商牛黃特齒八歲、穀廿七石予恩顧（雇）就直。後二～三日當發，粟君謂恩曰：「黃牛

（24）微庾（瘦），所將〔得〕（據第八號簡補）育牛黑、特，雖小，肥，賈直俱等耳，擇可用者持行。」恩即取黑牛去，留黃牛，非從粟君借牛。恩到觻得賣魚盡，錢少，因賣黑牛，并以錢卅二萬付粟君妻業，少八萬。恩以大車半槫軸一，直萬錢；羊韋一枚爲橐，

（25）直三千；笥一合，直千；一石去盧一，直六百；𨊠索二枚，直千；皆在業車上。與業俱來還，到北部，爲業買肉十斤，直穀一石；到弟（第）三置，爲業糴大麥二石，凡爲穀三石，錢萬五千六百，皆在業所。恩與業俱來到居延後，恩〔註11〕

（26）欲取軸、器物去，粟君謂恩：「汝負我錢八萬，欲持器物？」怒。恩不敢取器物去。又恩子男欽，以去年十二月廿日爲粟君捕魚，盡今年正月、閏月、二月，積作三月十日，不得賈直。時，市庸平賈大男日二升（應爲「斗」），爲穀廿石。恩居

（27）觻得付業錢時，市穀決石四千。并以欽作賈穀，當爲負粟君錢

〔註10〕「皆證。它如爰書」〈釋文〉作「皆證也，如爰書」，簡28號同，據籾山明，〈爰書新探——漢代訴訟論のために——〉，《東洋史研究》，第五十一卷第三號，頁15至17。

〔註11〕「來到居延，後恩」〈釋文〉作「來到居延後，恩」，據裘氏文。

畢。恩又從觻得自食、爲業將車，茎斬來到居延，〔註 12〕積行道廿餘日，不計賈直。時，商、育皆平牛直六十石與粟君，因以其賈與恩，牛已

（28）決，不當予粟君牛不相當穀廿石。皆證。它如爰書。

（29）●右爰書。〔註 13〕

（30）建武三年十二月癸丑辛未，都鄉嗇夫宮敢言之。廷移甲渠候書曰：「去年十二月中，取客民寇恩爲就，載魚五千頭到觻得，就賈用牛一頭、穀廿七石，恩顧沽出時行錢卌萬，以得卅二萬。又借牛一頭

（31）以爲犗（運），〔註 14〕因賣，不肯歸。以所得就直牛償，不相當廿石。〔註 15〕」書到，驗問，治決言。前言解，廷却書曰：「恩辭不與候書相應，疑非實。今候奏記府，願詣鄉爰書是正。府錄：令明處

（32）更詳驗問、治決言。」〔註 16〕謹驗問，恩辭不當與粟君牛不相當穀廿石，〔註 17〕又以在粟君所器物直錢萬五千六百，又爲粟君買肉、糴〔大〕〔麥〕（據二五號簡補）二石，〔註 18〕又子男欽爲粟君作賈直廿石，皆〔盡〕〔償〕〔所〕〔負〕

（33）粟君錢畢。粟君用恩器物幣（敝）敗，今欲歸恩，不肯受。爰書自證。寫移爰書，叩頭死罪死罪敢言之。

〔註 12〕「自食、爲業將車，茎斬來到居延」〈釋文〉作「自食爲業將車、茎斬來到居延」。

〔註 13〕見大庭脩撰、林劍鳴等譯，〈居延新出「候粟君所責寇恩事」冊書——爰書考補〉，收入大庭脩著、林劍鳴等譯，《秦漢法制史研究》，頁 534 至 537。據大庭脩意見，〈釋文〉第 33 號簡應置於第 28 號簡後。

〔註 14〕「犗」〈釋文〉作「㹀」，據裘氏文。

〔註 15〕「不肯歸。以所得就直牛償，不相當廿石」〈釋文〉作「不肯歸以所得就直牛，償不相當廿石」。據裘氏文。

〔註 16〕「前言解，廷却書曰：「恩辭不與候書相應，疑非實。今候奏記府，願詣鄉爰書是正。府錄：令明處更詳驗問、治決言。」」〈釋文〉作「前言解廷郵書曰：「恩辭不與候書相應。」疑非實。今候奏記府，願詣鄉爰書是正。府錄：令明處更詳驗問、治決言。」

〔註 17〕「不當與粟君牛不相當穀廿石」〈釋文〉作「不當與粟君牛，不相當穀廿石」，據裘氏文。

〔註 18〕「二石」〈釋文〉作「三石」。

十二月己卯，居延令守丞勝移甲渠候官。候〔所〕責男子寇恩〔事〕，鄉□辭，爰

（34）書自證。寫移書〔到〕□□□□□辭，爰書自證。

（35）須以政不直者法。亟報。〔註19〕如律令。掾黨、守令史賞。

（36）建武三年十二月候粟君所責（債）寇恩事

以上對簡文重新釋讀、標點及編排簡號後，有助於案情之瞭解。雖原告候粟君的控告書無法全部見到，但從第三〇和三一號簡記都鄉嗇夫宮引用甲渠候書中得知，候粟君控告寇恩之事有兩件，一是賣魚所得款項不足事先所立憑券之協定，少了八萬錢，二是候粟君借給寇恩載運魚貨的牛與給寇恩作爲僦價的牛，價值不同，前者多出二十石穀的價格，而寇恩將它賣掉，因此還要補足二十石穀。以下將針對這兩點分別說明。首先，案件發生於建武二年十二月中，原本是甲渠令史華商、尉史周育應爲候粟君販魚，但二人皆無法前去，因此華商出牛一頭，值穀六十石，及牛飼料茭草，值穀十五石。周育出牛一頭，值穀六十石，及牛飼料茭草，值穀四十石，總計爲一百七十五石穀，作爲不能前去賣魚的代價，而牛與茭草皆在候粟君所。

候粟君遂雇用寇恩替他至觻得縣販魚，佣金爲牛一頭及穀二十七石，牛就以華商所出者給予寇恩。二至三日後，寇恩將出發時，粟君告訴寇恩說：「華商的牛太瘦，周育的牛雖然小卻肥壯，這兩頭牛的價值相同，你可以隨便挑一隻。」寇恩因此而選擇周育的牛，這頭牛仍值穀六十石。亦即候粟君給寇恩當作工錢的牛，其本身就值六十石穀的價值。又雇傭雙方事先約定魚貨總金額爲四十萬錢，但寇恩將魚賣盡後卻不足此數，因此將粟君給他作爲販魚工錢的那頭牛賣掉，並湊足賣魚所得，共三十二萬錢，在觻得縣時交給候粟君的妻子業。

寇恩因沒牛拖車，遂將車軸及隨身攜帶的器物置於業的車上，與業回到第三置時，買了大麥兩石，到「北部」又爲業買肉十斤，都置於業的車上，並由其帶回。這些總價兩萬四千六百錢，因此寇恩尚欠五萬五千四百錢。從觻得回到居延的路程約二十餘日，寇恩皆自理所需並爲業駕車，佣金未算在內。寇恩雖然仍欠候粟君債款，但寇恩的兒子欽，曾爲候粟君捕魚共三個月又十日而未得佣金，計應付穀二十石。以市價石四千錢計，則十三石八斗五升的錢價，就足以償還寇恩所欠的五萬五千四百錢，因此候粟君反而欠寇恩

〔註19〕「須以政不直者法。亟報」〈釋文〉作「須以政不直者法亟報」。

六石一斗五升的穀子，合錢二萬四千六百錢。

都鄉嗇夫宮於爰書中針對候粟君控告寇恩欠款八萬錢一事，作出「償所負（粟君）錢畢。恩當得欽作賈（價）餘穀六石一斗五升付」的決言，表示寇恩已如券所約，還完四十萬錢。當寇恩回到居延欲取器物去，此亦表示寇恩想以欽的工錢來償還不足的八萬錢，但候粟君卻想抵賴欽的工錢，要寇恩再補足欠款。

候粟君又告寇恩所借運送魚貨的牛，與當作工錢的牛價值不等，以爲載運魚貨者高出穀二十石的價值，因此寇恩將運送魚貨的牛賣掉，而以當作工錢的牛來補償，還差穀二十石的價值。以往學者對第三○與三一號簡中都鄉嗇夫宮所引之部份「甲渠候書」，多循〈釋文〉的標點文意來解釋，〈釋文〉作：

> 又借牛一頭以爲犅，因賣，不肯歸以所得就（僦）直（值）牛，償不相當廿石。

然而，似乎標點如下更能理解其意：

> 又借牛一頭以爲輝（運），因賣，不肯歸。以所得就（僦）直（值）牛償，不相當廿石。

以〈釋文〉之標點文意而言，只能勉強理解爲候粟君控告寇恩另外又向他借一頭公牛，且將它賣掉，而不把當作工錢的那頭牛歸還給候粟君。可是其中的「償不相當廿石」卻無法解釋，因此有學者認爲本案中根本不存在廿石穀的問題，或甚至以爲候粟君反控寇恩欠他一頭值六十石穀的牛。〔註 20〕這點誤解又來自〈釋文〉對以下一段簡文的標點。第二七、二八號簡云：

> 時，商、育皆平牛直（值）六十石與粟君，因以其賈（價）與恩，牛已決，不當予粟君牛不相當穀廿石。

若依〈釋文〉中「不當予粟君牛，不相當穀廿石」之段句，則其意爲（寇恩）不需歸還候粟君一頭牛，可是「不相當穀廿石」仍無法與案件中有關牛隻的問題聯繫起來。因此，簡文之意應理解爲商、育所出之牛皆值六十石穀，且都給了候粟君，而候粟君給寇恩當作工錢的牛，原本是華商的，後來雖換成周育的，但這兩頭牛的價值原本就相等。候粟君卻控告作爲寇恩工錢的牛是華商所出，而運送魚貨的是寇恩另外借的，然後又誣告周育的牛比華商的高出二十石穀的價值。總之，〈建武三年十二月候粟君所責寇恩事〉簡冊中，候

〔註 20〕見初仕賓、蕭亢達，〈居延新簡「責寇恩事」的幾個問題〉，《考古與文物》，1981 年第 3 期，頁 108。

粟君控告寇恩兩件事，一是欠款八萬錢，二是二牛差價廿石穀，都鄉嗇夫宮針對此二事驗問寇恩，並在爰書中表示自己的判定，顯示粟君所告不實。

將候粟君告發寇恩的事由解釋清楚後，可看出候粟君所告之事並不確實，因在整個案情中，兩方損失的財物只有寇恩的器物、肉及大麥，候粟君並無任何損失。若是如此，理應由寇恩提出告訴，但從簡文所見，原告是候粟君，被告反而是寇恩，因此試想〈建武三年十二月候粟君所責寇恩事〉簡冊所記之訴訟案，只是寇恩爲候粟君賣魚而引發的司法案件之一，另一個可能是寇恩控告候粟君的案件，不過出土簡牘並未發現而已。推測在〈建武三年十二月候粟君所責寇恩事〉一案之前，寇恩曾向官府提出控告候粟君不歸還器物之事，這樣的推測來自以下的說明。

第一、從寇恩的爰書內容得知，案件發生在「去年十二月中」，即建武二年的十二月中，但簡冊所云都鄉嗇夫宮驗問寇恩的日期是在建武三年十二月三日，故事件的發生與驗問被告約隔一年的時間，在這一年之內，寇恩可能曾向官府控告候粟君抵賴器物、肉及大麥之事，且訴訟案已在審理之中。可是寇恩的控告案爲何延遲一年而未判決呢？這便要先釐清寇恩是在何時向官府提出控告。簡文中記寇恩的兒子欽從建武二年十二月二十日開始爲候粟君捕魚，直到三年二月中，皆不得工錢，而寇恩替候粟君到觻得賣魚的時間恰在二年十二月中，數目爲五千頭。但試問寇恩以一輛牛車的運量，能否一次就將五千頭魚載至觻得縣，且候粟君的存貨是否能達到五千頭魚？故推測寇恩替候粟君所販之魚，是由欽（或與欽一同捕魚的人）陸續捕獲，而寇恩也是分批載魚至觻得縣販賣。簡文記寇恩同業由觻得回到居延縣約需二十餘日，因此寇恩來回一趟約花四十幾天。總之，寇恩大概在建武三年四、五月之後，才有可能向官府提出訴訟，而這個時間與簡冊中候粟君反以原告提出訴訟的時間是相連的。

第二、簡冊第三二號簡云：「粟君用恩器物幣（敝）敗，今欲歸恩，不肯受」，知候粟君欲將器物歸還寇恩，此或因寇恩曾向官府控告候粟君抵賴器物一案，且經候粟君使用後，這些器物已經損壞，因此才想歸還寇恩。總之，〈建武三年十二月候粟君所責寇恩事〉一案，原告是粟君，被告是寇恩，但在整個賣魚事件所引發的訴訟案中，寇恩可能才是第一原告，〈建武三年十二月候粟君所責寇恩事〉一案，可能是候粟君針對寇恩告發抵賴器物不還而再向居延縣廷提出的。

二、簡冊名稱

關於該簡冊的命名，簡冊第三六號簡云：

建武三年十二月候
⊠
粟君所責寇恩事（圖版簡影頁 23）

此簡爲封函簡，是甲渠候官陸續接獲三十五枚木簡後，作爲存檔標籤之用，並非居延縣廷轉送時使用的貨籤，原因之一是簡文字體不同於其他木簡，二是簡冊原由居延縣廷分兩次送達甲渠候官，若爲傳送時的標籤，則應有兩枚。另外，居延漢簡中傳送公文的封檢，通常會寫明發送單位、方式及傳送單位、時間，如居延漢簡 74.4 簡云：

張掖都尉吏
肩水候官以郵行
九月庚午入，孫惠以來（圖版頁 26）

故簡冊的第三六號簡應爲甲渠障官吏儲存時所加。當時存封以「建武三年十二月候粟君所責寇恩事」來命名此案，由這個名稱可獲知幾項關於本案的訊息。首先，它標示出案件的發生時間（建武三年十二月）及案件的性質（「責」意同「債」，〔註 21〕屬債物糾紛案）。其次，也寫明案件的當事人（由簡文「候粟君所責寇恩」，可知是候粟君「自言責」寇恩，故原告爲粟君，被告爲寇恩）。

雖然甲渠障的官吏存封此簡冊時以「建武三年十二月候粟君所責寇恩事」稱之，但今日學者研究此簡冊時卻出現不同的名稱。下表中將以簡冊第三六號簡所記爲準，表列今日學者研究時採用的名稱。其中的第一欄中列出了單篇論文的發表單位或作者，第二欄記其命名情況，第三欄以第三六號簡所記案件發生時間（建武三年十二月）爲準，看這些論文名稱中的命名情況，第四欄也以第三六號簡所記的原告稱謂（候粟君）爲準，見其命名情況，第五欄則作爲補充說明之用。

撰文單位或姓名	案件名稱	案件時間	原告稱謂	備　註	出　處
甘肅居延考古隊簡冊整理小組	建武三年候粟君所責寇恩是	缺「十二月」			《文物》，1978 年第 1 期
謝桂華撰、吉村昌之譯	建武三年十二月候粟君所責寇恩事				《史泉》，第七三號（1991 年）

〔註 21〕見陳槃，〈漢簡賸義再續〉，收入氏著《漢晉遺簡識小七種》，「拾貳：責、債古今字」，頁 112。

甘肅居延考古隊					《文物》，1978 年第 1 期
裘錫圭 大庭脩 籾山明	候粟君所責寇恩事	缺「建武三年十二月」			《中國史研究》，1979 年第 4 期氏著《秦漢法制史の研究》 《東洋史研究》，第五十一卷第三號
蕭亢達	粟君所責寇恩事	缺「建武三年十二月」	缺「候」		《文物》，1978 年第 1 期
陳仲安	粟君責寇恩簡	缺「建武三年十二月」	缺「候」	缺「所」及更「事」爲「簡」	《文史》，第 7 期
初仕賓、蕭亢達 徐苹芳	責寇恩事	缺「建武三年十二月」	缺「候」	又缺「所」	《考古與文物》，1981 年第 3 期 《文物》，1978 年第 1 期
許倬雲	寇恩爰書	缺「建武三年十二月」	全缺	未用「責」字，不知案件性質；又簡冊內容不止爰書	氏著《求古篇》

據此表，知學者的命名多有省略或不確之處，省稱者以案件的發生時間最多，此或爲學者求其撰文方便所產生，不過若將年號亦省，則未知其發生年代，似有不妥。關於原告的稱謂，則有省略「候」字者，然「候」爲「障候」，表示粟君的官職，當甲渠障官吏存封時加以此稱，蓋在表明粟君與寇恩之身分差異，以今日觀點視之，司法貴在公平，不以身分高低妨害之，不過由此案內容來看，則粟君爲障候而誣告百姓寇恩，亦無法勝訴，適足以見當時司法執行之公正性，故加之似有必要。另有缺「所」字者，雖無礙於案件名稱的理解，不過若以作爲存封文書的標示簡而言，附上「所」字亦無不當。因此研究者的命名中，以「建武三年候粟君所責寇恩事」最爲適當，或亦可逕以第三六號簡所云：「建武三年十二月候粟君所責寇恩事」稱之，本文即從後者。

至於簡冊中各文書的命名，大庭脩已有論述，〔註 22〕他是依據簡冊中的爰書內容應該包括哪些範圍爲原則，因此將簡三〇至三三號歸爲嗇夫宮的報告文書，「●右爰書」簡也就被置於二八號簡之後。若依大庭脩的意見，則俞偉超將第三〇至三三號簡稱爲「建武三年十二月辛未居延都鄉嗇夫宮復問治決爰書」，就成爲不正確的說法，〔註 23〕而應爲「辛未文書」，〔註 24〕因簡冊中只有簡一至二〇與簡二一至二九可稱爲爰書。不過應該如何命名簡冊中的兩份爰

〔註 22〕見大庭脩著、林劍鳴等譯，〈居延新出「候粟君所責寇恩事」冊書——爰書考補〉，收入《秦漢法制史研究》，頁 529 至 537。

〔註 23〕見俞偉超，〈略釋漢代獄辭文例—— 一份治獄材料初探〉，《文物》，1978 年第 1 期，頁 39。

〔註 24〕見徐苹芳，〈居延考古發掘的新收獲〉，《文物》，1978 年第 1 期，頁 28。

書呢？徐萍芳將 E.P.F 22：1 至 20 號簡稱之為「乙卯爰書」，〔註 25〕俞氏則稱為「建武三年十二月乙卯居延都鄉嗇夫宮驗問治決爰書」，〔註 26〕不過爰書內容本已包括被告供辭與官吏決言，因此「驗問治決」可省略；又若以「建武三年候粟君所責寇恩事」為此案之名稱，則此處之「建武三年」亦可省略。另外，驗問治決之工作本由該鄉主管司法事務的官吏為之，因此「居延都鄉嗇夫宮」亦可不寫出，所以此份爰書之命名應以「十二月乙卯爰書」稱之始得完備。另一種方法是以「建武三年十二月候粟君所責寇恩事」為本案之名稱，則此處更可省稱為「乙卯爰書」，如徐萍芳所言為是，筆者亦以此方法稱之。E.P.F 22：21 至 29 簡的爰書，依此原則亦可名為「戊辰爰書」，其中第二九號簡為「戊辰爰書」的尾題簡。

簡冊第三〇至三三號簡記錄候粟君不服前次驗問之結果，再度向都尉府提出告訴，因此嗇夫宮應縣廷之命再次審問寇恩，作成「戊辰爰書」。於此爰書中，仍判定寇恩不須補足賣魚欠款及償還二牛隻的差價。嗇夫宮遂以簡冊第三〇至三三號簡之公文，向縣廷報告再次驗問的結果仍與第一次相同，並將「戊辰爰書」一起呈報縣廷，表示自己所作之判斷是依據寇恩的自證爰書而來。故此文書純粹作為嗇夫宮向縣廷解釋之用，徐氏名之為「辛未文書」，可從之。

簡冊第三四及三五號簡為居延令守丞勝將「戊辰爰書」及「辛未文書」轉報候官時所加，徐氏名之為「縣廷移甲渠候官文」，〔註 27〕俞氏稱之為「十二月己卯居延守丞勝論決文書」。〔註 28〕簡冊出土於甲渠候官，來源皆由居延縣廷所移，然而所移者不只第三四與三五號簡，徐氏亦稱該簡冊為「是居延縣廷寫移給甲渠候官的文」，〔註 29〕因此若以「縣廷移甲渠候官文」稱之，稍有不明確之處。又此份文書所記並非對候粟君之論罪，俞氏以為文書中記「須以政不直者法亟報」（簡三五號），乃縣廷已論報候粟君罪之證，但簡三四、三五號云：

候〔所〕責男子寇恩〔事〕，鄉□辭，爰書自證。寫移書〔到〕□□

〔註 25〕同上註。

〔註 26〕見俞偉超，〈略釋漢代獄辭文例——一份治獄材料初探〉，《文物》，1978 年第 1 期，頁 39。

〔註 27〕見徐萍芳，〈居延考古發掘的新收獲〉，《文物》，1978 年第 1 期，頁 28。

〔註 28〕見俞偉超，〈略釋漢代獄辭文例——一份治獄材料初探〉，《文物》，1978 年第 1 期，頁 39。

〔註 29〕見徐萍芳，〈居延考古發掘的新收獲〉，《文物》，1978 年第 1 期，頁 34。

□□□辭，爰書自證。(第三四號簡)

須以政不直者法。亟報。如律令。掾黨、守令史賞。(第三五號簡)

多數學者以爲「須以政不直者法」爲居延縣廷對候粟君作出之判決罪名，認爲候粟君即以此罪遭到論處。不過就簡文的釋讀而言，裘錫圭以漢簡常見「須」字作「待」之意，而「政」與「正」互用。〔註30〕故此段大意應該爲：「候粟君所責寇恩一事，經鄉嗇夫驗問寇恩，並已爰書自證；而當縣廷所移書到達甲渠候官後，(候粟君) 亦必須回報爰書以自證，等到自證爰書回報縣廷，再依爰書內容斷案，使不直的那個人 (可能是後粟君，亦可能是寇恩) 依法受到懲處。」

另外，「亟報」是馬上回報的意思，如居延漢簡 72.11 簡云：

□辭所，唯亟報，毋留，如律令。(圖版頁 185)

因此，縣丞要求候粟君在收到通知後，馬上需以爰書回報。由此觀之，「建武三年十二月候粟君所責寇恩事」一案中，候粟君所告之事已因寇恩的前後兩份爰書，使縣廷對候粟君所告感到懷疑，因此反而要求候粟君以爰書澄清所告之事；同時也表示這件財物糾紛案尚未達到漢代訴訟程序中的「論報」階段，而只停留在「訊鞫」的過程。筆者以爲應當將簡冊第三四及三五號簡的文書稱爲「己卯守丞勝移候官書」，避免使用「縣廷」而造成誤解。

第二節　自證爰書的內容結構

從〈建武三年十二月候粟君所責寇恩事〉簡冊中，知自證爰書的內容有其固定的書寫格式。簡冊之 E.P.F 22：1 至 20 簡 (稱爲「乙卯爰書」，以下同。) 與 E.P.F 22：21 至 29 簡 (稱爲「戊辰爰書」，以下同。) 分別爲此案被告——寇恩的兩份自證爰書，此二自證爰書所記內容相同，故僅以第一份自證爰書——「乙卯爰書」爲例，見其內容之書寫結構。

首先，簡冊的第一及二一號簡皆云：

建武三年十二月癸丑朔乙卯，都鄉嗇夫宮以廷所移甲渠候書召恩詣鄉。〔註31〕

〔註30〕見裘錫圭，〈新發現的居延漢的幾個問題〉，《中國史研究》，1979 年第 4 期，頁 106。

〔註31〕圖版簡影據甘肅居延考古隊簡冊整理小組編，刊於《文物》，1978 年第 1 期，頁 20 至 23。以下引用〈建武三年十二月候粟君所責寇恩事〉簡冊時，其圖版簡影頁數皆以整理小組所刊者爲準，並簡稱其爲「圖版簡影」，同時，簡冊中

知此二爰書的開頭皆記載驗問寇恩的日期及原因（「甲渠候書」），並由鄉中主管訴訟的官吏——嗇夫進行驗問。《日知錄・都鄉》云：

都鄉之制，前史不載。按都鄉蓋即今坊廂也。〔註 32〕

居延漢簡曾出現都鄉嗇夫之名，如 181.2A 記有：「都鄉嗇夫武」、〔註 33〕181.10 有：「都鄉嗇夫長」（圖版頁 62），另有「都田嗇夫」，〔註 34〕睡虎地秦簡亦有「都倉、庫、田、亭嗇夫」。〔註 35〕其都鄉嗇夫當即《漢書・百官公卿表》所言之鄉嗇夫，只因設置地之差異，多加一「都」字而已。其他種類的嗇夫，如睡虎地秦簡所見者，似皆爲縣屬某專門事務之主管官員。〔註 36〕然而所謂「都」是指何意？其似與漢代「都官」之「都」字同義，表示某政府機關所直轄之意，〔註 37〕因此簡冊所記之都鄉，應即居延縣廷直轄的鄉治，可能就是縣廷所在的鄉。

鄉嗇夫爲漢代鄉中主管司法訴訟及徵收賦稅的官員，《續漢書・百官志五》云：

其鄉小者，縣置嗇夫一人，皆主知民善惡、爲役先後、知民貧富、爲賦多少、平其品差。〔註 38〕

此段記載與《漢書・百官公卿表》記：「嗇夫，職聽訟、收賦稅」〔註 39〕之

之簡號亦不再寫出「E.P.F 22」字樣。

〔註 32〕見顧炎武、黃汝成集釋，《日知錄》，（臺北，世界書局，民國 80 年 5 月，八版），「都鄉」，卷二二，頁 518。

〔註 33〕圖版據勞榦撰，《居延漢簡・圖版之部》，（臺北：中央研究院歷史語言研究所年，民國 66 年，再版，專刊廿一），圖版頁 62。以下引用舊居延漢簡時，圖版頁數皆以勞榦先生所撰書爲準，並簡稱其爲「圖版」。

〔註 34〕新居延漢簡 E.P.F 22：125 簡，釋文據文化部古文獻研究室、中國社會科學院歷史研究所、甘肅省文物考古研究所、甘肅省博物館編，《居延新簡》，（北京：文物出版社，1990 年 7 月，第一版），頁 485。以下引用新居延漢簡時，釋文頁數皆以此書爲準。

〔註 35〕睡虎地秦簡〈效律〉，第 52 號簡，圖版及釋文頁數據睡虎地秦墓竹簡整理小組編，《睡虎地秦墓竹簡》，（北京：文物出版社，1990 年，第一版），圖版頁 39、釋文頁 75。以下引用睡虎地秦簡時，圖版及釋文頁數皆據此書，圖版並簡稱爲「睡虎地圖版」。

〔註 36〕參見陳中龍，〈睡虎地秦簡所見之官嗇夫〉，國立中興大學歷史學研究所，《中興史學》，（臺中：國立中興大學，民國 83 年 12 月，創刊號），頁 3 至 8。

〔註 37〕同上註，頁 8 至 11。

〔註 38〕見司馬彪，《續漢書・百官志五》，收於《後漢書》，（臺北：商務印書館，民國 77 年 1 月，臺六版），頁 1706。

〔註 39〕見《漢書・百官公卿表上》，（臺北：商務印書館，民國 70 年 5 月，臺五版），

意大略相同。漢代鄉嗇夫既然主管訴訟之事，則簡冊所記居延縣廷將「甲渠候書」轉報寇恩客居之居延都鄉後，遂由鄉嗇夫對寇恩進行驗問。另由居延漢簡所見之邊塞軍事組織中，「部」之主官——候長於訴訟案中，亦可扮演驗問官員的角色，如 E.P.T 51：228 所記之隧長忠等七人的自證爰書，即由臨木候長憲驗問；〔註 40〕〈失鼓冊〉之秦恭的自證爰書，亦由萬歲候長憲驗問。〔註 41〕因此候長除執行軍事任務外，亦需擔任訴訟案中驗問被告之工作，此或因漢代邊塞軍事組織中的候長是比嗇夫的，〔註 42〕因此候長亦需執行此項任務。

簡冊中云：「都鄉嗇夫宮以廷所移甲渠候書召恩詣鄉」，「召」表示傳訊之意，通常是上級對下級官吏的用字，於破城子出土的「詣官」簿屢用此字，如 26.12 云：

第十三隊長黨召詣官。桼月癸丑蚤食人。（圖版頁 140）

203.17 云：

呑遠士吏褒召詣官，八月甲午日中入。（圖版頁 162）

其隧長及「部」中士吏應障候之命至候官報到，原因或以當事之官吏玩忽職守、違法亂紀或以應召前來集議，〔註 43〕此「召」爲應障候之命。「召」若爲司法用語，則表示法庭傳訊的意思，〈失鼓冊〉的 E.P.F 22：328 云：

建武四年三月壬午朔丁酉（十六日），萬歲候長憲□☐
隊謹召恭詣治所，先以證縣官城樓守衙（御）☐。（《居延漢簡》，頁 498）

萬歲候長憲傳訊（秦）恭到治所驗問其辭。其召某人至官府，必事出有因，如 95.11 云：

召憲詣官對狀，今憲叩頭死罪對曰□。（圖版頁 281）

此因候官中之「憲」被告，故傳憲至候官對狀解釋。另外又有「詣府對狀」

北宋景祐刊本，卷十九，頁 160。

〔註 40〕新居延漢簡 E.P.T 51：228 簡，見《居延新簡》，頁 192。

〔註 41〕新居延漢簡〈失鼓冊〉，由 E.P.F 22：328 簡（《居延新簡》，頁 498）知是由萬歲候長驗問被告秦恭。

〔註 42〕見勞榦，〈從漢簡中的嗇夫令史候史和士吏論漢代郡縣吏的職務和地位〉，《中央研究院歷史語言研究所集刊》，第五十五本第一分，頁 9。

〔註 43〕見永田英正著、孫言誠譯，〈試論居延漢簡所見的候官——以破城子出土的「詣官」簿爲中心〉，收入《簡牘研究譯叢》，第一輯，（北京：中國社會科學，1981 年），頁 208。

（183.15，圖版頁 35）與「具請以對」（E.P.T 50：22，《居延新簡》，頁 153）等用語，皆司法機關召某人詣治所，對狀解釋之意。

其次，當被告至官府而官吏將其供辭寫成爰書時，必須先向被告「證」某律及「辨告」爰書驗問時所需注意之律令規定。〈建武三年十二月候粟君所責寇恩事〉簡冊的第一至二及第二一號簡皆云：

> 先以證財物故不以實，臧（贓）五百以上；辭已定，滿三日而不更言請者，以辭所出入罪反罪之律辨告，乃爰書驗問。（圖版簡影頁 20 至 21）

居延都鄉嗇夫宮爰書驗問寇恩時，先向其「證」告「財物故不以實，臧（贓）五百以上」之律，此律即嗇夫宮依「甲渠候書」所告之事而裁定寇恩觸犯之罪名，此律將隨原告控告之事的不同而改變。此外又「辨告」兩條律文，分別爲「辭已定，滿三日而不更言請」與「辭所出入罪反罪」律，此爲自證爰書驗問時所需「辨告」之律，目的在告誡被驗問人不得提供假供辭。

「驗問」一詞是漢代治獄時的習慣用語，通常亦作「按驗」、〔註 44〕「案驗」、〔註 45〕「考驗」、〔註 46〕「案問」〔註 47〕等詞。「驗問」是司法官吏接獲控告書後必需進行的程序。

當官吏對被告進行驗問後，若被告不服指控，就可爰書自證。爰書中通常會以「辭曰」來記錄被告爰書自證的供辭，如簡冊爰書中「辭曰」以下之簡文就記錄了寇恩的供辭。《說文解字》十四下「辛部」曰：「辭，訟也」，又三上「言部」云：「訟，爭也」，《義證》云：「辯財曰訟」。因此，所謂「辭」是指財物糾紛的兩方爭訟於官府，要求判決財物歸屬之意，這個意義恰好解釋了簡冊中的案件。不過「辭」並不只是兩方爭財於官府的用字，舉凡漢代司法案件中，當官吏驗問被告時，被告通常以「辭」作爲申辯用字，如 E.P.T 59：69 云：

> 吞遠隧卒賈良不在署，謹驗問吞遠候長譚、兼候史、吞遠隧長褒辭曰：十二月五日良。（《居延新簡》，頁 364）

隧卒賈良擅離職守，不治署事，候官因其督導不周而驗問候長及候史，在此「辭」帶有申辯及說明的意思。居延漢簡所見，通常「驗問」之後有「辭曰」，前者表

〔註 44〕見新居延漢簡 E.P.F 22：362 簡，《居延新簡》，頁 500。

〔註 45〕見《後漢書．章帝紀》，（臺北：商務印書館，民國 77 年 1 月，臺六版），卷三，頁 75。

〔註 46〕見《漢書．楚元王傳》，卷三六，頁 504。

〔註 47〕見《漢書．王商傳》，卷五二，頁 1001。

示司法官吏的審問，後者表示被驗問者的答辯。不過在供辭中通常會加入官吏的「決言」。所謂「決言」是指驗問官吏針對被告供辭而作出對原告所告及案情的初步裁決，其內容並不包括定立罪名或依律論處，而只在歸納驗問結果或說明原告所告是否屬實，提供案情眞相，供上級官吏審理案件時之參考。

簡冊第三二號簡云：「更詳驗問，治決言」（圖版簡影頁 23），此爲都尉府命令居延縣廷再次派遣都鄉嗇夫審訊寇恩的文書中所記。其中仍見「驗問」與「決言」爲爰書的兩項主要內容。簡冊爰書中，都鄉嗇夫所作決言有二，一爲「所負粟君錢畢」（簡一七號及簡二七號），二爲「牛已決，不當予粟君牛不相當穀廿石」（簡二○號及簡二八號），這都是針對「甲渠候書」中粟君控告之事所作出的決言。有關驗問官吏在爰書中作決言的例子，睡虎地秦簡〈封診式〉的爰書中亦可見，如〈群盜〉、〈告臣〉、〈告子〉、〈癘〉、〈經死〉、〈出子〉及〈毒言〉諸條的爰書中，都有驗問官吏或上級派遣之官吏對執行事項作出決言的例子。簡冊中兩份爰書的末尾皆有「皆證。它如爰書」之文，這是作爲爰書內容之結束語之用。

總結簡冊中兩份爰書的書寫結構，大抵可知自證爰書的記載具有以下四項內容：（1）爰書開頭皆記驗問被告的日期及驗問官吏的職稱，較完整的自證爰書甚至附有原告的控告書。（2）當驗問官吏爰書驗問之前，必須向被驗問者告知與本案相關的律令規定。（3）通常在「驗問」之後會接「辭曰」之語，表示以下是被驗問者的供辭。（4）供辭中也摻插驗問官吏的決言，但通常決言都在供辭的結尾部份，並接「皆證。它如爰書」以爲整份自證爰書的結束。

第三節　爰書驗問前的告知律令

自證爰書的內容中，以告知律令一項最爲特殊，此爲爰書驗問前的重要程序。以〈建武三年十二月候粟君所責寇恩事〉簡冊爲例，其中的「乙卯爰書」與「戊辰爰書」皆爲寇恩不服粟君指控而提出的自證爰書，此二自證爰書作爲居延縣廷審理此案之證據，因此具有法律效用。然而，告知的律令內容爲何呢？首先，官吏在爰書上需注明爲何傳訊此人，因此要「證」以某律，此律是依據原告控告的罪行而由驗問官吏裁定的。其次，供辭貴在眞實，所以對被告供辭的眞實性必須有所確保，漢代司法爲達到這項要求，遂以法律責任的負擔來約束被驗問者供辭的眞實性，通常這種法律責任是以法律條文的形式被告知，故在自證爰書中有「辨告」某律於被告之事。

以「乙卯爰書」爲例，內容的開頭有嗇夫宮告知寇恩律令之事，其中第一至第三簡云：

> 建武三年十二月癸丑朔乙卯，都鄉嗇夫宮以廷所移甲渠候書召恩詣鄉。先以證財物故不以實，臧（贓）五百以上；辭已定，滿三日而不更言請者，以辭所出入罪反罪之律辨告，乃爰書驗問。（圖版簡影頁20）

第二一號簡所記與此相同。當嗇夫宮將寇恩的供辭寫成爰書前，首先「證」告寇恩「財物故不以實」律，此因候粟君控告寇恩欠款不還，因此嗇夫宮依「甲渠候書」而裁定寇恩觸犯此律，後接「臧（贓）五百以上」，則是針對粟君控告寇恩欠款的多寡所告知的贓罪條文。其次，再「辨告」兩條律令，一爲「辭已定，滿三日而不更言請」律，「辭已定，滿三日」是被驗問者所享有對已寫成的爰書進行更改供辭之權利的保障條文，但加上「而不更言請」，就變成若所供不實又未在三日內更改也需受罰，至於如何懲罰就要依下一條律令。第二條律是「以辭所出入罪反罪之律」，此律規定供辭若與實情不符，又未在三日內提出更改，便要以所供不實之處反罪其身。

一、「證（告）」律令

學者對〈建武三年十二月候粟君所責寇恩事〉簡冊中存在告知律令之內容，皆表贊同，但是對其中的第一項程序——「證（告）」，卻有不同的意見，原因在於對簡文「旡」字的誤釋，而導致對「先以證」一詞的誤解。「乙卯爰書」中的「旡」字，學者有釋爲「先」或「無」兩種，另居延漢簡「旡」字，卻有「先」、「無」及「夫」三種釋法。學者雖然對「旡」字的釋讀爭論不休，但對「證」字卻缺乏說明。《說文解字》「言部」三上云：「證，告也」，指告知之意，但「證」卻更有作證、證明之意，如《論語．子路》云：

> 葉公語孔子曰：「其父攘羊，而子證之。」〔註48〕

邢昺疏曰：「言因羊來入己家，父即取之，而子言於失羊之主，證父之盜。」皇侃《論語集解義疏》亦云：「其父盜羊，而子告失羊主，證明道父之盜也。」

〔註48〕見《論語．子路第十三》，盧宣旬校、阮元審定，（臺北：藝文印書館，十三經注疏八，民國82年，十二刷），頁118。

〔註 49〕又如《漢書‧夏侯嬰傳》云：

> 高祖戲而傷嬰，人有告高祖，高祖時爲亭長，重坐傷人，告故不傷嬰，嬰證之。移獄覆，嬰坐高祖，繫歲餘，掠笞數百，終脫。〔註 50〕

某人告高祖傷灌嬰，高祖至獄言故不傷也，嬰至獄亦作證高祖言不傷也。又居延漢簡屢現「證所言」、「皆證」之詞，其「證」字亦作證明解。因此，「證」的解釋不但有告知的意思，更有作證、證明之意。

居延漢簡中常見「先以證」後接某律的簡文，如 3.35 云：

> 先以證不言請，出入罪人辭。〔註 51〕

7.20 云：

> ☑先以證不言請，出入罪□。(圖版頁 33)

38.27 云：

> ☑官，先以證不言請，出入。(圖版頁 246)

133.12 云：

> ☑毋又世，以府書召禹詣官，先以證不。(圖版頁 584)

E.P.T 52：417 云：

> ☑先以證不請律辨告，乃驗問定。(《居延新簡》，頁 256)

以上所引前四簡皆云：「先以證（不言請）」，E.P.T 52：417 更直言「不請律」，這種將律文以某些字代表並省稱的例子，於居延漢簡亦見，如 395.11 云：

> 捕律：禁吏毋或入人廬舍捕人，犯者，其室毆傷之，以毋故入人室律從事。(圖版頁 104)

其中「毋故入人室律」規定沒有正當理由進入他人室、宅、廬、舍，或搭乘他人車、船及強迫他人犯法，被害人當場殺死此人是爲無罪。〔註 52〕在此，捕律引用此條律文，亦省稱之。故前引「不言請」諸條簡文，應是「辭已定，滿三日而不更言請」律的殘簡簡文或省稱。

關於居延漢簡「𠂒」的釋讀，上引含「先以證」一詞的諸簡中，除 133.12

〔註 49〕見皇侃，《論語集解義疏》，(臺北：世界書局，民國 52 年，初版)，卷七，頁 135。

〔註 50〕見《漢書‧夏侯嬰傳》，卷四一，頁 558。

〔註 51〕居延漢簡 3.35 簡，見中國科學院考古研究所編，《居延漢簡甲乙編》，(北京：中華書局，1980 年，第一版)，《乙編》、圖版頁 1。

〔註 52〕見大庭脩著、林劍鳴等譯，《秦漢法制史研究》，(上海：人民出版社，199 年)，頁 87。

外，其寫法都相同，即寫作「无」（133.12，「先」字簡文作「無」）。在《居延漢簡甲乙編》中，皆釋其爲「无」，即「無」，《居延漢簡甲編》中，將簡 7.20 的「无」釋爲「先」，〔註 53〕《居延漢簡・考釋之部》中，將 7.20 及 38.27 的「无」釋爲「先」，卻將 133.12 的「无」釋爲「夫」。〔註 54〕其中若以「夫」釋之，則「夫以證」一詞更不易理解。俞偉超與徐萍芳二位認爲此字應釋爲「無」；〔註 55〕俞氏又以馬王堆帛書及銀雀山竹簡的「無」字往往寫作「无」，而居延漢簡 133.12，其「先」字圖版簡文亦作「無」，因而將居延漢簡中有「先以證」一詞者皆釋爲「無以證」。

雖然居延漢簡 133.12 將「先」字寫作「無」，但睡虎地秦簡及居延漢簡中，「無」字卻多寫作「毋」，如睡虎地秦簡〈封診式・治獄〉條云：

> 毋（無）治（笞）諒（掠）而得人請（情）爲上。（第 1 簡，圖版頁 147）

〈秦律十八種・置吏律〉云：

> 官嗇夫即不存，令君子毋（無）害者若令史守官。（第 161 簡，圖版頁 28）

居延漢簡 317 亦云：

> 載肩水吏逐亡卒，它毋（無）所過。（圖版頁 37）

此三簡文中的「無」皆寫作「毋」，且意思皆指「沒有」，與徐苹芳釋「無以證」爲「沒有證據」的意思是相同的。〔註 56〕因此，「無以證」一詞若爲漢代治獄時的習慣用語，爲何不使用當時一般的通用字形「毋」，卻要寫作「无」呢？又居延簡中「先」字確實有寫作「无」者，如 5.10 云：

> 官，无（先）夏至一日，以除隧取火，授中二千石、二千石。（圖版頁 21）

此簡之「无夏至一日」，無疑的應釋爲「先夏至一日」。可見居延簡「无」字確有當作「先」字用。然而，在釋讀此字時應把握何種原則呢？是不是應該根據簡文文義來判讀此字呢？

〔註 53〕中國科學院考古研究所編輯，《居延漢簡甲編》，（北京：科學出版社，1959 年），7.20 簡於釋文頁 4。

〔註 54〕勞榦，《居延漢簡・考釋之部》，（臺北：史語所，民國 75 年，專刊之四十），7.20 簡釋文於頁 14；38.27 簡於頁 90；133.12 簡於頁 195。

〔註 55〕見俞偉超，〈略釋漢代獄辭文例——一份治獄材料初探〉，《文物》，1978 年第 1 期，頁 36；徐萍芳，〈居延考古發掘的新收獲〉，《文物》，1978 年第 1 期，頁 28。

〔註 56〕見徐萍芳，〈居延考古發掘的新收獲〉，《文物》，1978 年第 1 期，頁 28。

俞偉超支持釋爲「無以證」的另一個證據，是居延漢簡屢出現「證所言」一語，如 178.30（圖版頁 290）、157.12（圖版頁 447）及 E.J.T 21：239，〔註 57〕認爲其恰與「無以證」前後呼應，一謂「無以證明」，一謂「證其所言」，並將乙卯爰書中的「先以證財物故不以實」解釋爲：「寇恩所負財物事，並不實在。」〔註 58〕但嗇夫宮若已知道候粟君所告不實，爲何還需驗問寇恩，既要開始驗問，何以先作出決言。俞氏這種解釋，不外乎是將「先」誤釋爲「無」，並將「證」解爲證據所造成。

以〈建武三年十二月候粟君所責寇恩事〉一案爲例，嗇夫宮之所以召問寇恩，乃因「甲渠候書」控告寇恩欠款不還，因此嗇夫宮根據粟君所告而裁定寇恩觸犯「財物故不以實」律。當寇恩到庭時，嗇夫宮遂出示「甲渠候書」作爲證據，證明候粟君控告寇恩觸犯此律。此種形式，亦見於居延漢簡，如 229.1；229.2 云：

> ☐書曰：大昌里男子張宗責（債）居延甲渠收虜隧長越宣馬錢，凡四千九百二十，將召宣詣官。
>
> ☐〔先〕以□〔證〕財物故不以實，臧（贓）二百五十以上。已辟（圖版頁 443）

知張宗「自言責」越宣馬錢四千九百二十，驗問時官吏先「證」張宗之控告書於越宣，告以觸犯「財物故不以實」律。又〈失鼓冊〉E.P.F 22：328 云：

> 建武四年三月壬午朔丁酉（十六日），萬歲候長憲□☐
>
> 隧謹召恭詣治所，先以證縣官城樓守衙（御）☐。（《居延新簡》，頁 498）

萬歲候長憲爰書驗問（秦）恭之前，「先以證縣官城樓守衙（御）」律，其因乃：

> 官記曰：第一隧長秦恭，時之俱起隧取鼓一，持之呑遠隧。（E.P.F 22：329，《居延新簡》，頁 498）

知甲渠候官曾文告萬歲候長，云秦恭至俱起隧取鼓一件並持之呑遠隧，因此候長憲爰書驗問秦恭之前，先「證」告「縣官城樓守衙（御）律」，證告此律乃因鼓爲城樓守御之工具所致。

〔註 57〕此簡轉引自初師賓、蕭亢達，〈居延新簡「責寇恩事」的幾個問題〉，《考古與文物》，1981 年第 3 期，頁 110。

〔註 58〕見俞偉超，〈略釋漢代獄辭文例——一份治獄材料初探〉，《文物》，1978 年第 1 期，頁 37。

另外，新居延漢簡又有「先以」一辭而無「證」字者，E.J.T 21：59 云：

（上略）謹先以不當得告、誣人律辨告。（下略）〔註 59〕

據初師賓、蕭亢達之意見：「根據此簡『辨告』之後的簡文有『今將告者詣獄』句，可知此律是司法人員向原告「辨告」的，而司法官吏向原告辨告『不當得告』及『誣人』二律的目的，是在警告原告控告他人時必須注意是否觸犯這兩條律令，因爲『不當得告』律規定某些事件是『于法不當告的』，『誣人』律規定凡所告與事實不符，將依所告之罪反及告者之身。」〔註 60〕可知此條是司法官吏向原告辨告控告他人時需注意之律令，而非向被告證明觸犯「不當得告」及「誣人」罪。此當與「先以證」相互比較，以辨其差異之處。

自證爰書中「證」告律令一項，是由原告之控告而來，所以證告的律令將隨案件的不同而變化。〈建武三年十二月候粟君所責寇恩事〉一案屬於財物糾紛，另 229.1；229.2 所記張宗自言責收虜隧長越宣一案，亦屬財物糾紛案，又 E.J.T 21：239 所記亦是此類案件，其簡文云：

□初里曹定國二人，先以證財物不以實律辨□證所言。它如爰書。〔註 61〕

可見被控欠債不還，將先證告「財物故不以實」律。其「故」有故意的意思。《漢書・昭帝紀》云：「廷尉李種坐故縱死罪，棄市」，〔註 62〕指故意縱放死囚，罪至棄市；〈武帝功臣表〉云：「故劾十人，罪不直」，〔註 63〕指故意加罪於十人，罪至不直；〈張敞傳〉云：「鞠獄故不直」，〔註 64〕指審理獄政故意不公正；其「故」皆有故意爲之的意思。「不以實」表示不就事實辦事。《後漢書・光武帝紀》云：「度田不實」，〔註 65〕指丈量地目不確實；〈魯丕傳〉云：「稟貧人不實」，〔註 66〕指不就實際狀況救濟貧窮；《漢書・翟方進傳》更云：

〔註 59〕此簡轉引自初師賓、蕭亢達，〈居延簡中所見漢代「囚律」佚文考——〈居延新簡「責寇恩事」的幾個問題〉的訂補〉，《考古與文物》，1984 年第 2 期，文中〔註 2〕云此條史料來自甘肅省博物館，頁 100。

〔註 60〕同上註文，頁 96。

〔註 61〕此簡轉引自初師賓、蕭亢達，〈居延新簡「責寇恩事」的幾個問題〉，《考古與文物》，1981 年第 3 期，頁 110。

〔註 62〕見《漢書・昭帝紀》，卷七，頁 66。

〔註 63〕見《漢書・武帝功臣表》，卷一七，頁 145。

〔註 64〕見《漢書・張敞傳》，卷七六，頁 948。

〔註 65〕見《後漢書・光武帝紀》，卷一，頁 43。

〔註 66〕見《後漢書・魯丕傳》，卷二五，頁 394。

「并劾紅陽侯立選舉故不以實」，〔註 67〕指紅陽侯立選舉時欺瞞、謊報于官府。所以，「財物故不以實」應表示被告明知欠款，卻故意不償還。

自證爰書中「臧（贓）某錢以上」是驗問官吏根據原告之控告金額所裁定的贓罪條文。「臧（贓）某錢」或「臧（贓）某錢以上」的條文，在文獻及出土漢簡中常見，可知它是漢代治獄的習慣用語，如《漢書・蕭望之傳》記：「贓二百五十以上」；〔註 68〕〈武帝功臣表〉記：「贓五百以上」〔註 69〕與「贓百萬以上」；〔註 70〕居延漢簡記：「臧（贓）兩百五十以上」（233.54，圖版頁 63）；「臧（贓）五百以上」（562.29，圖版頁 47）。顏師古注〈蕭望之傳〉「臧（贓）二百五十以上」云：

> 二百五十以上者，當時律令坐罪之次，若今律條言一尺以上，一疋以上矣。〔註 71〕

可見漢律中「贓某錢以上」是贓罪等次的名目。在〈建武三年十二月候粟君所責寇恩事〉一案中，候粟君控告寇恩的欠款項目為：不足魚價的八萬錢及二牛差價的穀二十石（以當時市價計亦為八萬錢），總和為十六萬錢，官吏證告「臧（贓）五百以上」；而張宗自言責越宣一案，越宣欠款四千九百二十錢，驗問官吏告知「臧（贓）二百十五以上」，兩案中原告自言責的金額數目相差懸殊，告知的贓罪條文錢數，前者卻只為後者的兩倍。或許，漢代司法官吏在自證爰書中向被告證告贓罪條文時，其原則是以原告告發的金額多寡，來告知被告某條高於告發金額的贓罪條文，因此原告告發的金額越高，證告的贓罪等次也就越高。

另外，有非關財物糾紛案的自證爰書，驗問官吏「證」告之律也將隨原告控告之事而改變。如〈失鼓冊〉所記為甲渠第一隧長秦恭竊取俱起隧鼓一案，其中 E.P.F 22：328 云：

> 建武四年三月壬午朔丁酉（十六日），萬歲候長憲□〼。
>
> 隧謹召恭詣治所，先以證縣官城樓守衙（御）〼。（《居延新簡》，頁 498）

〔註 67〕見《漢書・翟方進傳》，卷八四，頁 1020。

〔註 68〕見《漢書・蕭望之傳》，卷七八，頁 969。

〔註 69〕見《漢書・武帝功臣表》，卷一七，頁 144。

〔註 70〕同上註。

〔註 71〕見《漢書・蕭望之傳》，卷七八，頁 696。又〈匡衡傳〉云：「劾奏衡監臨盜所主直十金以上」，卷八一，頁 992，句下顏師古注同。

《漢書・何並傳》云：「林卿既去，北度涇橋，令騎奴還，至寺門，拔刀剝其建鼓」，顏師古注曰：「縣有此鼓者，所以召集號令，爲開閉之時。」〔註 72〕知縣廷之鼓爲發布召集號令與報時之用。漢代邊塞障、部及隧內之鼓，或亦爲此種功用，故〈失鼓冊〉內云：「尉卿使諸吏旦夕擊鼓」，是隧內之鼓亦做爲報時之用。秦恭竊鼓危害邊塞防衛組織，故被控觸犯「縣官城樓守衙（御）」律，此律大概是規範邊塞組織的城樓守衛事項。

二、「辨告」律令

自證爰書中告知律令的部分，除「證告」一項外，又有「辨告」一項，其功用在告知被告爰書驗問時所需注意之律令規定。如〈建武三年十二月候粟君所責寇恩事〉簡冊之 E.P.F 22：2 云：

> 辭已定，滿三日而不更言請者，以辭所出入罪反罪之律辨告，乃爰書驗問。（圖版簡影頁 20）

《漢書・高帝紀》云：「吏以文法教訓辨告，勿笞辱」，顏師古注曰：

> 辨告者，分別義理以曉喻之。〔註 73〕

可見都鄉嗇夫宮「辨告」「辭已定，滿三日而不更言請」及「以辭所出入罪反罪」之目的，乃欲向寇恩說明此二律與其己身的利害關係。自證爰書中辨告此二律者，又見於〈失鼓冊〉內的爰書，萬歲候長憲亦辨告此二律於秦恭。

「辭已定」表示非口頭驗問而已，而是指官吏將被告口供寫成爰書之意，不過當官吏完成爰書之後，被告仍有更改的機會，可是必須在三日內提出更改供辭的要求。〔註 74〕

〔註 72〕見《漢書・何並傳》，卷七七，頁 963。

〔註 73〕見《漢書・高帝紀》，卷一下，頁 17。

〔註 74〕於《管子・小匡》篇云：「制重罪入以兵甲犀脅二戟，輕罪入蘭盾鞈革二戟，小罪入以金鈞，分宥薄罪，入以半鈞，無坐抑而訟獄者，正三禁之，而不直，則入一束矢以罰之。」其前段云分別依罪行輕重處以不同罰責，後段中尹知章注「正三禁之」曰：「當禁之三日」，表示無法確定罪責者，當先監禁三日以查明之，若確認犯法，仍需處罰。是其監審期間以三日爲限。《商君書・境內》篇云：「以戰故，暴首三，乃校三日，將軍以不疑致士大夫勞爵。夫勞爵，其縣過三日，有不致士大夫勞爵，能（罷）。」秦國雖獎勵首功，但獎賞仍需經確認斬首之過程，需考核三日，確定無疑再論功賜爵。又各縣在三日內未將賜爵名籍致送主管士大夫者，即罷黜該縣令、長。《說文解字》，七上，晶部云：「　，楊雄說以爲古理官決罪三日得其宜乃行之。」可見以三日爲稽查期限的規定，在先秦已普遍爲各國行政及司法機關所採用。漢代亦承之，如《後漢書・

「不更言請」表示被告未提出更改前次爰書供辭的要求。《說文解字》三下「攴部」云：「更，改也」，表示改動的意思，「更言」就表示更改爰書供辭之意。「請」爲漢代司法上訴申告的專用語，漢代官吏凡達一定秩次，〔註 75〕被決罪後享有的特權稱爲「上請」、〔註 76〕「先請」〔註 77〕或省稱爲「請」。被決罪者的另有一種申訴權利——「乞鞫」，它與「先請」、「上請」及「請」稍有區別，俞偉超以爲差別之一在於「請」之類可達於中央官府，而劉邦爲亭長時的「乞鞫」，只是申訴於原來論決的縣廷；〔註 78〕另一差異在於「請」之類，事皆在耐罪以上，而「乞鞫」是不包括耐罪的。〔註 79〕不過以申訴者的角色而言，「先請」及「上請」是治獄官吏主動將符合規定者上報，而「乞鞫」則由罪犯本身或其親屬提出。〔註 80〕不論如何，漢代的「先請」、「上請」和「乞鞫」都是指司法制度中保障罪犯向司法機關提出申訴的權利。

自證爰書中的「不更言請」在居延漢簡中曾省作「不言請」（3.35、7.20、38.27），或「不請律」（E.P.T 52：417），它都是屬於爰書中規定被驗問者得更改供辭的法律條文，原文應爲「辭已定，滿三日而不更言請」。「不更言請」亦屬於「先請」及「乞鞫」一類的司法用語，不過彼此之間卻有差異。「更言

孔融傳》云：「又袁術僭逆非一朝一夕，日磾隨從周旋歷歲，漢律：與罪人交關三日已上，皆應知情。」知漢律明確規定與罪人交通關涉三日以上，必須能獲知案情。因此，漢代有關爰書供辭更改期限的規定也援用三日內爲限。

〔註 75〕有關漢代「先請」之制的規定，《漢書·宣帝紀》，卷八，頁 81，云：「吏六百石、位大夫有罪先請」，爲西漢中期有關「先請」制之吏秩規定。〈刑法志〉，卷二三，頁 243，云：「成帝鴻嘉元年，定令年未滿七歲賊殺人及犯殊死者，上請廷尉以聞。」規定西漢末期不滿七歲而犯賊殺人及死罪者必須先請，此無關吏秩。〈平帝紀〉，卷一二，頁 102，云：「公、列侯嗣子有罪耐以上先請」，列侯子嗣在司法上享有先請的特權。《後漢書·光武帝紀上》卷一，頁 32，云：「吏不滿六百石下至墨綬長、相，有罪先請。」後漢初期降低享有先請權之吏秩。

〔註 76〕見《漢書·高帝紀下》，卷一，頁 20。

〔註 77〕見《漢書·劉屈氂傳》，卷六六，頁 826。

〔註 78〕見《漢書·夏侯嬰傳》，卷四一，頁 558。

〔註 79〕見俞偉超，〈略釋漢代獄辭文例——一份漢代治獄材料初探〉，《文物》，1978 年第 1 期，頁 38。

〔註 80〕《史記·夏侯嬰傳》，卷九五，頁 942，云：「（劉邦）告不傷嬰」，鄧展注曰：「律有故乞鞫，高祖自告不傷嬰。」劉邦遂依乞鞫律申訴也。《索隱》注曰：「案晉灼云：獄結竟，呼囚鞫語罪狀，囚若稱枉欲乞鞫者，許之也。」則罪犯以爲冤枉欲申訴者，許之也。可見「乞鞫」是罪犯本身主動要求再次申訴的權利。睡虎地秦簡〈法律答問〉第 115 號簡云：「以乞鞫及爲人乞鞫者，獄已斷乃聽，且未斷猶聽殹（也）？獄斷乃聽之。」知他人亦得爲罪犯乞鞫。

請」雖有申訴的意思，但卻是指向爰書驗問的官吏提出更改供辭的訴求，是在案件審訊過程中享有的權利，而「先請」、「上請」或「乞鞫」是在決獄後才提出重審的申訴；在申訴的範圍上，前者只限於爰書供辭，後者則是要求整個案件的重新論處。另外，「先請」、「上請」是官吏達到一定秩次才享有的特權，而「不更言請」則不論被驗問人的身分爲何，皆能享有。

俞偉超稱「言請」與「先請」、「乞鞫」是三種不同的申訴權利，大概是一般官吏都有此權。〔註 81〕更將「言請」解釋爲官吏在司法訴訟過程中擁有的特權。但由〈建武三年十二月候粟君所責寇恩事〉簡冊及〈失鼓冊〉中的爰書可見，居延都鄉嗇夫宮及萬歲候長憲辨告「辭已定，滿三日而不更言請」律的對象是寇恩及秦恭，顯示此二人皆擁有此項權利。因此俞氏將擁有「言請」權利的對象限於官吏的說法似有不妥。

自證爰書中官吏向被告辨告的第二條漢律爲「以辭所出入罪反罪」律，此律由第一條衍生而來。被爰書驗問者享有三日內更改供辭的權利，若未更改，又造成所供之辭與案情事實有所出入，則將以此律論之。

秦漢時有所謂「出罪」與「入罪」，不過皆非特定罪名，而是針對司法官吏在裁量罪行時所造成的失誤行爲而制定。《漢書・武帝功臣表》記新畤侯趙弟中云：

> 太始三年（前 94）坐爲太常鞠獄不實，入錢百萬，贖死而完爲城旦。〔註 82〕

晉灼注曰：

> 律說：出罪爲故縱，入罪爲故不直。

《漢書・刑法志》云：

> 於是招張湯、趙禹之屬，條定法令，作見知故縱監臨部主之法，緩深故之罪，急縱出之誅。〔註 83〕

顏師古注「故縱」曰：「見知人犯法不舉告爲故縱」，但秦始皇下焚書令後，規定「吏見知不舉者與同罪」，〔註 84〕則不舉姦而獲罪者只限於官吏。顏師古注「急縱出之誅」又曰：「吏釋罪人，疑以爲縱出，則急誅之」，官吏若故縱

〔註 81〕見俞偉超，〈略釋漢代獄辭文例——一份漢代治獄材料初探〉，《文物》，1978 年第 1 期，頁 38。

〔註 82〕見《漢書・武帝功臣表》，卷一七，頁 144。

〔註 83〕見《漢書・刑法志》，卷二三，頁 241。

〔註 84〕見《史記・秦始皇紀》，卷六，頁 90。

罪人，則急速嚴辦，是知故縱罪亦限於官吏。睡虎地秦簡〈法律答問〉第九三號簡云：

當論而端弗論，及傷其獄，端令不致，論出之，是謂縱囚。（睡虎地圖版頁 56）

當司法官吏治獄時故意不論罪，以及減輕罪行，使犯人達不到判罪標準，於是判他無罪，此類行爲皆爲「縱囚」。因此，當知姦不舉，或官吏審案時故意減輕其罪，甚至縱囚，皆可視爲「故縱」之行爲，犯有此類行爲皆以「出罪」論之，可見「出罪」是一種治罪原則。

至於「入罪」的解釋，則晉灼引律說注「入罪爲故不直」。睡虎地秦簡〈法律答問〉第九三號簡云：

罪當重而端輕之，當輕而端重之，是謂不直。（睡虎地圖版頁 56）

表示司法官吏論罪時故意將重罪輕判，以及將輕罪重判的行爲都屬於不直的罪行。《史記・秦始皇本紀》有：「適治獄吏不直者」；〔註 85〕又例如《漢書・張敞傳》云：

臣竊以舜無狀枉法以誅之，臣敞賊殺無辜，鞫獄故不直，雖伏明法，死無所恨。〔註 86〕

張敞治獄論罪故意殺害無罪者，類於輕罪重判。漢代治獄官吏不依法論處之行爲，可稱爲「故不直」，亦可稱爲「故不以實」，《漢書・趙廣漢傳》云：

下廣漢廷尉，又坐賊不辜，鞫獄故不以實，擅斥除騎士，乏軍興。〔註 87〕

趙廣漢不以案件實情治獄，賊殺無辜者，稱爲「故不以實」。又〈武帝功臣表〉云：「新畤趙弟，坐爲太常鞫獄不實」；〔註 88〕可見鞫獄「故不以實」或「不實」，是就事實上言之，有此類行爲的司法官吏將依法判爲「不直」罪。《後漢書・侯霸傳》又云：「戴涉相代爲大司徒，坐事下獄死，自是大臣難居相任。」王先謙集解曰：

〔註 85〕見《史記・秦始皇紀》，卷六，頁 89。另關於秦代治獄官吏違犯「不直」罪的記載，於睡虎地竹簡〈法律答問〉第 34、35、47、94 號簡，皆記載司法官吏因論罪不實或賞罰不確而犯「不直」罪。

〔註 86〕見《漢書・張敞傳》，卷七六，頁 948。又〈武帝功臣表〉，卷一七，頁 145 有「故劾十人，罪不直」，亦表示故意至人於罪，遂犯「不直」罪。

〔註 87〕見《漢書・趙廣漢傳》，卷七六，頁 941。

〔註 88〕見《漢書・武帝功臣表》，卷一七，頁 144。

韓欽既以非罪自坐入故太倉令奚，涉罪下獄死。胡注無罪加之以罪曰入。〔註89〕

則司法官吏治獄時故意致罪於人稱爲「入」。因此，若漢代的「出罪」表示司法官吏故意爲罪犯開罪，「入罪」則與其相對，應解釋爲司法官吏故意致罪於人。

漢代雖有「出罪」與「入罪」之名，但自證爰書中，驗問官吏辨告的「以辭所出入罪反罪」律，其「出入」一詞似非指這兩項罪名，〔註90〕而只是一個形容詞。其原因在於「出罪」與「入罪」是適用於治獄官吏，不針對一般百姓，如〈建武三年十二月候粟君所責寇恩事〉及〈失鼓冊〉中的爰書，居延都鄉嗇夫宮及萬歲候長憲辨告此律的對象分別是寇恩及秦恭，此二人皆非治獄官吏，更無法故意加罪或減罪於人。

自證爰書中以「反罪」的規定，要求爰書自證者必須爲自己提出的供辭負法律責任。「反罪」，爲漢代治獄時的治罪原則，並非是具體罪名。睡虎地秦簡〈法律答問〉第二○號簡云：

律曰：「與盜同法」，有（又）曰「與同罪」，此二物其同居、典、伍當坐之。云「與同罪」，云「反其罪」者，弗當坐。（睡虎地圖版頁 50）

其中「反其罪」即「反罪」之意。初仕賓、蕭亢達二位認爲「反罪」古律或曰「同罪」，〔註91〕但睡虎地秦簡〈法律答問〉第一八號簡云：

削（宵）盜，臧（贓）直（值）百五十，告甲，甲與其妻、子智（知），共食肉，甲妻、子與甲同罪。（睡虎地圖版頁 50）

可見「同罪」指以被告所論之罪坐及他人，「反罪」則指以原告所告之罪反及己身，如〈法律答問〉第九六號簡云：

伍人相告，且以辟罪，不審，以所辟罪罪之。（睡虎地圖版頁 56）

同伍之人相控告時，加告不實之罪，就需以所加之罪論處加告者，此即反罪原告所加之罪於其身也。又《漢書・匈奴傳上》云：

左賢王、右谷蠡王以不得立怨望，率其眾欲南歸，漢恐不能自致，

〔註89〕見王先謙，《後漢書集解・侯霸傳》，（臺北：藝文印書館），卷二六，頁 334。

〔註90〕見陳仲安，〈關於「粟君責寇恩簡」的一處釋文〉，《文史》，第七輯，頁 287，作者將〈建武三年十二月候粟君所責寇恩事〉簡冊爰書中的「以辭所出入，罪反罪之律」標點爲「以辭所出入罪，反罪之律」，以爲「出入」爲「出入罪」，且爲「出罪」與「入罪」的合稱。

〔註91〕見初仕賓、蕭亢達，〈居延新簡「責寇恩事」的幾個問題〉，《考古與文物》，1981 年第 3 期，頁 112。

即胥盧屠王欲與西降烏孫，謀擊匈奴，盧屠王告之，單于使人驗問右谷蠡王，不服，反以其罪罪盧屠王。〔註 92〕

盧屠王被視爲誣告，故以告谷蠡王欲反之罪反及其身。反及盧屠王己身之罪名與其控告谷蠡王者相同，故亦有「同罪」之意。總之，「反罪」是指原告反受其控告被告之罪，被論罪者只有原告，「同罪」是指論以和被告相同之罪，遭論罪者亦包括被告。可見「反罪」與「同罪」在本身的意義上就已不同。

「反罪」爲治罪原則，與誣告亦有區別，誣告是一項含意明確而援用反罪原則治罪的罪名。〔註 93〕當某人因誣告而致罪，遂依「反罪」原則將誣告之罪反及其身。睡虎地秦簡〈法律答問〉有多條關於誣告的條文，但所見之誣告者雖遭反罪制裁，卻非依所誣告之罪論處，而是採取不同程度的處罰，甚至沒有懲處，如〈法律答問〉第四一號簡云：

誣人盜千錢，問盜六百七十，誣者可（何）論？毋論。（睡虎地圖版頁 52）

控告他人盜一千錢，但審問結果爲盜六百七十錢，明顯看出是屬於誣告行爲，不過秦政府爲獎勵告姦，並不對此誣告犯論罪。由〈建武三年十二月候粟君所責寇恩事〉及〈失鼓冊〉的爰書所見，居延都鄉嗇夫宮及萬歲候長憲辨告的兩條律令分別是：「辭已定，滿三日而不更言請」及「以辭所出入罪反罪」律，又此二律乃相互牽連，分別規定爰書自證者得在三日內更改爰書供辭，若未更改而造成所供與眞實案情之間有所出入，就需以不實之處反罪己身。但由下一條資料所見，驗問官吏辨告的律令並不全同於上述之二條，E.P.T 52：228 云：

（成帝）建始元年（前 32）四月甲午朔乙未，臨木候長憲敢言之，爰書：雜與候史輔驗問隊長忠等七人，先以從所主及它部官卒買☐。三日而不更言，書律辨告，乃驗問隊長忠、卒賞等。辭皆曰：名郡縣爵里，年姓官除各如牒；忠等毋從所主卒及它☐。（《居延新簡》，頁 192）

其「三日而不言請」爲「辭已定，滿三日而不更言請」的省文，但辨告的第二條爲「書律」。又 E.P.S 4T2：7 云：

〔註 92〕見《漢書・匈奴傳上》，卷九四，頁 1144。

〔註 93〕見初仕賓、蕭亢達，〈居延新簡「責寇恩事」的幾個問題〉，《考古與文物》，1981 年第 3 期，頁 112。

而不更言請，詔書律辨告，乃訊由，辭曰：公乘居延肩水里，年五十五歲，姓李氏，迺永光四年八月丁丑。（《居延新簡》，頁 554）

此條辨告的第一條爲「辭已定，滿三日而不更言請」律，第二條則爲「詔書律」。因此，自證爰書中官吏辨告的律令條文並非是固定的，它將隨爰書自證者的自證內容而改變；不過即使辨告的第二條律不盡相同，但似乎仍可認定辨告的兩條律之間是相互牽連的，亦即爰書自證者若在供辭寫成的三日內未提出更改供辭的要求，則供辭與眞實案情有所出入時，將以辨告的第二條律論處。

綜上所述，知官吏驗問爰書自證者之前，將先告知某些與案情相關的律文，且其內容包括兩個項目，首先，需「證」告某律，表示向爰書自證者告知其被告發哪種罪行，此律將隨原告控告之事而改變。其次，「辨告」兩條律文，其中之一爲「辭已定，滿三日而不更言請」律，另一條則視爰書自證的內容而定，又辨告此二律之目的，乃欲以法律責任的擔負，來告誡爰書自證者必須提供眞實的供辭。

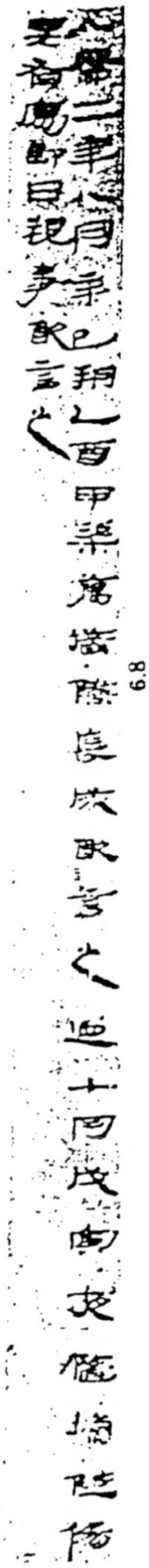

居延漢簡6.8簡，據勞榦，《居延漢簡・圖版之部》，頁193縮小影印

居延漢簡6.5簡，據勞榦，《居延漢簡・圖版之部》，頁193縮小影印

第五章　爰書中的告發方式

在訴訟案件中，除被告的自證爰書外，另有一種爰書是作爲記錄訴訟案件之用。一件訴訟案的成立，必需先有告發的程序，官府受理之後，才能進行後續的審理。以記錄訴訟案的爰書而言，內容除記載訴訟案的審理過程及其結果外，〔註1〕通常亦見案件的告發方式。睡虎地秦簡〈封診式〉的爰書中，即可發現訴訟案的告發方式有不同的種類；此外，〈法律答問〉亦有多數簡文述及秦國或秦代的司法制度及訴訟程序，參考這些資料，可稍得秦國或秦代訴訟案之告發方式。若先歸納及分析其簡文，則記錄訴訟案的爰書中，可得之告發方式可分爲以下幾種：自訴、官告、自告、自出及賞告。

第一節　自訴與官告

一、自訴

「自訴」意指受害人直接向官府提出告訴。秦漢司法文書中常出現「告」、「辭」及「訟」等詞，其意可指受害人向官府控告罪犯。《說文解字詁林》，二上，告部，通訓定聲云：「告者，下告上之辭」，所謂「下告上」或爲臣告於君，或爲民告於官，所告的內容可能爲大臣上奏之事，亦可能爲百姓之爭端告於官府請其裁決。如睡虎地秦簡中的「某告某」、「某告曰」皆屬於司法上「告」之例證。〈封診式・告子〉的爰書中記某甲父親告其子不孝，並要求官府將其判刑。〔註2〕〈穴盜〉條之爰書記某屋主的收藏物被盜，亦向官府提

〔註1〕關於秦代記錄訴訟案件的爰書內容，可參見劉海年，〈秦漢訴訟中的「爰書」〉，《法學研究》，1980年第1期，頁54至55。

〔註2〕見睡虎地秦簡〈封診式・告子〉，第50、51號簡，圖版頁73，釋文頁156；

出告訴。〔註3〕此皆被害人以「告」的方式向官府提出訴訟。

「辭」者，《說文解字》，十四下，辛部曰：「辭，訟也。」睡虎地秦簡〈法律答問〉第九五號簡云：

辭者辭廷。今郡守爲廷不爲？爲殹（也）。（睡虎地圖版頁 56，釋文頁 115）

此簡所言之「辭」表示訴訟之意。秦代郡守擁有行政兼司法權力，因此郡守可受理人民的訴訟，故此處之「辭」爲司法上的用詞。1983 年底出土的江陵張家山二四七號漢墓竹簡中，〈奏讞書〉之案例就有被害人以「辭」向官府提出控告，如第二個案例云：

十一年八月甲申朔丙戌，江陵丞驁敢讞之。三月己巳大夫祿辭曰：六年二月中買婢媚士伍點所，賈（價）錢萬六千，迺三月丁巳亡，求得媚。〔註4〕

此案記載一位擁有大夫爵位名爲「祿」的人，向江陵縣廷提出控告奴婢「媚」的逃亡案，原因是祿於漢高祖六年二月中向一位名爲「點」的人，以一萬六千錢買得媚，媚卻於十一年三月初二逃亡，但三月十五日又被祿抓獲，並向官府告發此事。因此這裡的「辭」也是指受害人向官府提出告訴之意，「辭曰」以下就記錄了控告之辭。

「訴」及「訟」亦可表示訴訟之意。《後漢書・鄭弘傳》云：「弘少爲鄉嗇夫」，王先謙集解曰：

惠棟曰：虞預《會稽典錄》云：「弘爲靈文鄉嗇夫，民有弟用兄錢者，未還之，嫂詐訴之弘。〔註5〕

其中的鄉嗇夫「職聽訟，收賦稅」，〔註6〕故民有爭端遂訴於鄉嗇夫。《說文解

又〈悉子〉條記載一位父親要求「法（廢）丘主」判其兒子「悉（遷）蜀邊縣，令終身毋得去悉（遷）所」，亦是採用「告」的方式，見第 46 至 49 號簡，圖版頁 72、73，釋文頁 155。圖版及釋文頁數係據睡虎地秦墓竹簡整理小組編，《睡虎地秦墓竹簡》，（北京：文物出版社，1990 年，第一版）。以下引用睡虎地秦簡時，其圖版及釋文頁數皆據此書，並簡稱其圖版爲「睡虎地圖版」。

〔註 3〕《睡虎地秦墓竹簡》，〈封診式・穴盜〉，第 73 至 83 號簡，圖版頁 75，釋文頁 160。

〔註 4〕見江陵張家山漢簡整理小組，〈江陵張家山漢簡「奏讞書」釋文〉（一），《文物》，1993 年第 8 期，頁 22。

〔註 5〕見王先謙，《後漢書集解・鄭弘傳》，（臺北：藝文印書館），卷三三，頁 415。

〔註 6〕見《漢書》，（臺北：商務印書館，民國 70 年，第五版），〈百官公卿表上〉，卷一九上，頁 160。

字》，三上，言部曰：「訟，爭也」，《周禮・大司徒》曰：「凡萬民之不服教而有獄訟者」，鄭玄注云：「爭罪曰獄，爭財曰訟。」〔註7〕故「訟」亦指有爭端而訴於官府之意。睡虎地秦簡〈封診式・爭牛〉條云：

> 爰書：某里公士甲、士五（伍）乙詣牛一，黑牝曼𪊟（縻）有角，告曰：「此甲、乙牛殹（也），而亡，各識，共詣來爭之。」即令令史某齒牛，牛六歲矣。〔註8〕

秦時畜產亦登錄於家產簿冊中，如〈封診式・封守〉條云：

> 鄉某爰書：以某縣丞某書，封有鞫者某里士五（伍）甲家室、妻、子、臣妾、衣器、畜產。〔註9〕

官吏奉命查封罪犯家產時，亦將畜產包括在內。此案兩人共爭一牛，亦「訟」之於官府。綜言之，秦漢之「告」、「辭」、「訴」及「訟」諸字，皆可表示向官府提出訴訟之意。又本書論及居延漢簡之「自言」一詞，知其意亦表示受害人親自向官府控告之意，如發生債務糾紛時，債權人通常以「自言責」的方式向官府提出控告。由此亦見秦漢時的法律，基本上都維護被害人向官府提出控告之權力。

當被害人告發時，必須向官府說明告發對象、事件發生過程、所受損害程度，甚至攜帶物證，如此官府便受理此案。如睡虎地秦簡〈封診式・出子〉條記某人的妻子甲控告時便指出被告丙，因爲與甲互毆並將甲摔倒，雖有丁者將二人分開，但當甲回到家中卻腹痛且造成流產，因此甲將胎兒包起詣官告丙。〔註10〕當被害人陳述案件時，不但告以傷害情況，同時也將被告所犯之罪行訴於官府，甚至請求官府判以某罪。如〈封診式・𨙸子〉條記父親告己子，要求官府判其「鋈其足，𨙸（遷）蜀邊縣，令終身毋得去𨙸（遷）所」之刑，〔註11〕官府查證父親所告屬實後，即依父親所請之刑判之。因此，被害人通常將案件陳述的愈詳盡，愈有利於官府的偵查，官府在審驗證據與驗問被告後，查如屬實便依罪判刑。

〔註7〕見《周禮・大司徒》，盧宣旬校、阮元審定，（臺北：藝文印書館，民國82年9月，十二刷，十三經注疏三），卷十，頁162。

〔註8〕見《睡虎地秦墓竹簡》，〈封診式・爭牛〉，第24號簡，圖版頁70，釋文頁152。

〔註9〕同上註，〈封診式・封守〉，第9號簡，圖版頁69，釋文頁149。

〔註10〕見《睡虎地秦墓竹簡》，〈封診式・出子〉，第84至90號簡，圖版頁75、76，釋文頁161、162。

〔註11〕同上註，〈封診式・𨙸子〉，第46至49號簡，圖版頁72、73，釋文頁155。

二、官告

「官告」指由政府機關中負責維護治安之官員，例行性的巡邏或依他人告發而追捕罪犯之意。秦漢地方制度皆設有維護地方秩序之官吏或鄉官，於里一級之中就有里典（或曰里正）、什長及伍長來負責里中治安的維持。《續漢書・百官志五》云：「里有里魁，民有什伍，善惡以告」，本注曰：

> 里魁掌一里百家，什主十家，伍主五家，以相檢察，民有善事、惡事以告監官。〔註12〕

里魁、什長及伍長維護治安之意，在於糾察里內違法事務並向上級報告，因此對於里內發生的不法行爲，皆需完全掌握。睡虎地秦簡〈法律答問〉第九八號簡云：

> 賊入甲室，賊傷甲，甲號寇，其四鄰、典、老皆出不存，不聞號寇，問當論不當？審不存，不當論；典、老雖不存，當論。〔註13〕

當賊進入里中人家並殺傷之，典正與伍老雖外出而未聽見呼喊，二人仍當依法論處，其原因在於此二人未盡到防備盜賊的責任。又發現里內有疑似犯罪行爲時，亦需上報其事，如睡虎地秦簡〈封診式・厲（癘）〉條云：

> 爰書：某里典甲詣里人士五（伍）丙，告曰：疑厲（癘），來詣。〔註14〕

里典懷疑甲染有痲瘋病，便將此人帶往官府，以盡維護里人安全之責。又〈經死〉條云甲於家中不知何故上吊身亡，里典獲知後將此事上報，上級立刻「令令史某往診」。〔註15〕可見里典須負起里中治安的維持，遇有重大傷亡事件需向上級報告。

里典非但要上報里中治安情況，同時需協助上級辦理司法事務。睡虎地秦簡〈封診式・封守〉條的爰書記載鄉中的人員查封罪犯家產時，必須率同里典前往，查封後再命令里典對查封的內容背書，表示罪犯的財產已全部查封，若有遺漏，里典將因此獲罪，同時里人還需輪流看守查封地點。〔註16〕

〔註12〕見司馬彪，《續漢書・百官志五》，收於《後漢書》，（臺北：藝文印書館，1988年，第六版），志二八，頁1608。

〔註13〕《睡虎地秦墓竹簡》，〈法律答問〉，圖版頁57，釋文頁116。又見〈秦律雜抄・傅律〉，第32、33號簡，記典正、伍老申報里內户口不實也要依法論處。此皆爲政府用來規範典正、伍老的法律條文。

〔註14〕《睡虎地秦墓竹簡》，〈封診式・厲（癘）〉，第52號簡，圖版頁73，釋文頁156。

〔註15〕同上註，〈封診式・經死〉，第63至72簡，圖版頁74，釋文頁158。

〔註16〕見《睡虎地秦墓竹簡》，〈封診式・封守〉，第8至12簡，圖版頁69，釋文頁149。

另外〈穴盜〉及〈亡自出〉兩條的爰書中，也有里典協助鄉及縣官吏辦理有關司法案件的記載。因此，里典除負責里中秩序的維持外，還需執行上級交辦的事務，而里中秩序的維持就利用與上級緊密的交流與互通聲息的做法而達到，況且什伍制又將一般百姓組織，使里內不致成爲罪犯的藏身之所。

秦漢的「亭」同樣有負責捕緝盜賊的官吏。睡虎地秦簡〈封診式・群盜〉條云：

> 爰書：某亭校長甲、求盜才（在）某里曰乙、丙縛詣男子丁，斬首一，具弩二、矢廿，告曰：「丁與此首人強攻群盜人，自晝甲將乙等徼循到某山，見丁與此首人而捕之。此弩矢丁及首人弩矢殹（也）。首人以此弩矢□□□□□□乙，而已劍伐收其首，山儉（險）不能出身山中。」〔註 17〕

是知「亭校長」及「求盜」職在捕盜賊。《漢書・百官公卿表》云：「亭有長」，〔註 18〕但未詳細記載其職掌。羅開玉以爲稱「某亭長」爲秦統一六國之初所改稱，且若以「校」稱之，更能吻合亭的治安管理之職。〔註 19〕秦代亭有求盜，《史記・高祖本紀》曰：「高祖爲亭長，乃以竹皮爲冠，令求盜之薛治之」，《集解》云：

> 舊時亭有兩卒，其一爲亭父，掌開閉掃除；一爲求盜，掌逐捕盜賊。〔註 20〕

則「求盜」職亦在追捕盜賊。〈百官公卿表〉記亭長爲亭的主官，《集解》則云其下有二卒，一爲求盜，不過由〈封診式・群盜〉條所記，則知亭中至少有校長一人、求盜二人，且由校長帶領求盜緝賊，可知校長爲求盜的上級，或應爲亭的主官。

亭的職責之一在治安管理，每一亭皆有直轄管區，如〈封診式・賊死〉條記：「某亭求盜甲告曰：署中某所有賊死」，〔註 21〕其「署中」即表示本亭轄區之意。又據〈群盜〉條所言，知校長帶領求盜巡邏某山，此種巡查轄區之工作應是亭中官吏必須執行的例行性巡邏，目的亦在防範犯罪。由江陵張家山二四七號漢墓出土之〈奏讞書〉中，也發現一件亭吏追捕罪犯，一件告

〔註 17〕同上註，〈封診式・群盜〉，第 25 至 30 簡，圖版頁 7，釋文頁 152。
〔註 18〕見《漢書・百官公卿表上》，卷一九，頁 160。
〔註 19〕見羅開玉，〈秦國鄉、里、亭新考〉，《考古與文物》，1982 年第 5 期，頁 79。
〔註 20〕見《史記・高祖本紀》，（臺北：商務印書館，1988 年，臺六版），卷八，頁 125。
〔註 21〕見《睡虎地秦墓竹簡》，〈封診式・賊死〉，第 56 號簡，圖版頁 73，釋文頁 157。

發犯罪的案例。其中第五個案件云：

> 乃（漢高祖十年）五月庚戌（十九日），校長池曰：「士五（伍）軍告池曰，大奴武亡，見池亭西，西行。」池以告，與求盜視追捕武。武格鬥，以劍傷視，視亦以劍傷武。〔註22〕

亭校長池因軍告武亡，遂與求盜視追捕之，是因他人告發而追捕罪犯之例。另外，簡文中再度出現「校長」一名，因此羅開玉認爲「某亭校長」改稱爲「某亭長」的時間，可能是在秦統一六國之初的看法便應修正，因〈奏讞書〉第五個案例的發生時間是在漢高祖時代。另外第一六個案例云：

> （漢高祖六年）七月乙酉新郪信爰書：求盜甲告曰：從獄史武備盜賊，武以六月壬午出行公梁亭，至今不來，不智（知）在所，求弗得，公梁亭校長丙坐以頌毄（繫），毋毄（繫）牒，弗竊訊。〔註23〕

簡文亦出現「公粱亭校長」之稱，於校長之前又加上亭名，符合「某亭校長」的形式，因此以「校長」來稱呼亭的主官，於漢初仍然存在，且其職責也在追捕盜賊與逃亡者。〈封診式・群盜〉條及〈奏讞書〉第五、一六案例所記之「校長」，雖皆指亭長，但「校長」一名，亦見於漢代其他政府機關，職責也在於兵戎之事或追捕盜賊。《續漢書・百官志二》云：

> 先帝陵，每陵園令一人，六百石。丞及校長各一人。〔註24〕

本注曰：「校長主兵戎盜賊事」，又《漢書・彭越傳》云：

> 臣（越）老，諸君強以爲長，令期而多後，不可盡誅，誅最後一人。令校長斬之。〔註25〕

顏師古注「校長」曰：「一校之長也」，可見漢代之「校長」，並非專指亭長。《說文解字》，六上，木部曰：「校，木囚也」，稱之爲校長，乃因職責在於捕盜，故皇帝陵園亦有校長，而亭長之所以稱爲校長，一則爲亭的主官，二則職責也在於逐捕盜賊。

總之，校（亭）長需負責本亭轄區內的治安管理，不但需例行性的巡邏，遇百姓控告也要追捕罪犯，甚至上級命令協助逮捕，亭吏也需配合。不過亭吏與里典的職權同樣只在追捕盜賊而已，當捕獲罪犯後，需將其帶往縣、府，

〔註22〕見江陵張家山漢簡整理小組，〈江陵張家山漢簡「奏讞書」釋文〉（一），《文物》，1993年第8期，頁23。

〔註23〕見上註，頁24。

〔註24〕見司馬彪，《續漢書・百官志二》，收於《後漢書》，志卷二十四，頁1587。

〔註25〕見《漢書・彭越傳》，卷三四，頁488。

因此常見追捕的同時需連同犯罪證據一併帶回，以作爲向縣、府提出控告時的證據。

秦代鄉官的組織，文獻所記甚少，再加上以往對秦代鄉制的理解多來自漢代文獻，因此容易造成以漢代鄉制理解秦代鄉制的情況，不過睡虎地秦簡出土後，藉由其中有關秦代鄉制的記載，稍可補充以往的不及之處。《漢書・百官公卿表》及《續漢書・百官志》對鄉官的記載，以游徼負責漢代鄉裡治安的維護，〈百官公卿表〉言其「皆秦制」，遂使人以爲游徼亦爲秦代鄉官。不過亦如羅開玉所言：

> 有關秦代的文獻中，除〈百官表〉外，也不見有記載。而睡虎地秦簡出現的如某亭校長甲帶領求盜乙、丙「徼循到某山」(〈封診式・群盜〉，第二六號簡、睡虎地圖版頁 71)、「害盜別徼而盜」(〈法律答問〉第一號簡，睡虎地圖版頁 49)，其中「徼循」、「別徼」皆爲動詞而非官名，況且漢代時游徼亦非專爲鄉官，縣中亦設游徼一官(見《漢書・黃霸傳》，卷八九，頁 1091 及〈倉頡廟碑陰〉)。〔註 26〕

因此秦代鄉官是否專由游徼來追捕盜賊，便需更多史料來佐證。

睡虎地秦簡雖然未出現游徼的記載，卻可由其中獲知秦代鄉官的職能確有協助辦理司法案件的責任。〈封診式・亡自出〉條云：

> 鄉某爰書：男子甲自詣，辭曰：「士五（伍），居某里，以迺二月不識日去亡，毋（無）它坐，今來自出。」・問之□名事里，以二月丙子將陽亡，三月中逋築宮廿日，四年三月丁未籍一亡五月十日，毋（無）它坐，莫覆問。以甲獻典乙相診，今令乙將之詣論，敢言之。〔註 27〕

此爲鄉中主官向縣廷報告甲亡自出一案之調查結果爰書。男子甲至鄉自首，因於今年二月不知何日時逃亡，經過查問，確定是在二月丙子日逃亡，且三月份逃避築宮繇役二十天，又在四年三月丁未日的簿籍上查得曾有一次逃亡的記錄，共五個月又十日。由此知鄉吏利用記錄本鄉攤派繇役的簿籍，查出甲曾逃亡之記錄，可見鄉官必須負責本鄉攤派繇役的職責，始能查出此項記錄。因此，或可推測秦代戶口登記的工作，應是由鄉辦理，當遇政府有開徵

〔註 26〕見羅開玉，〈秦國鄉、里、亭新考〉，《考古與文物》，1982 年第 5 期，頁 78。

〔註 27〕見《睡虎地秦墓竹簡》，〈封診式・亡自出〉，第 96 至 98 號簡，圖版頁 76、77，釋文頁 163。

繇役或徵調服役時，鄉吏遂利用簿籍徵調符合條件的鄉民前往，因而甲逃避繇役的記錄，在鄉的簿籍上都得清楚的查出。另外，〈封診式・封守〉條亦爲鄉主管官員，回報縣丞命令查封罪犯財產與家室的文書；而〈覆〉及〈有鞫〉二條，其簡文皆以「敢告某縣主」開頭，顯然是向縣廷報告的文書，內容也都是記錄罪犯的個人資料與犯罪行爲。這些資料的取得應由鄉裡提供，可知秦代的鄉有協助縣廷調查罪犯的責任。

鄉官在何種情況下需調查罪犯呢？一是縣廷以文書要求鄉官辦理，這種可視爲被動的，二是罪犯直接向鄉裡自首，或鄉吏捕獲罪犯後由鄉官主動調查。前者以〈封診式・封守〉條爲代表，另外新居延漢簡〈建武三年十二月候粟君所責寇恩事〉簡冊云：「都鄉嗇夫宮以廷所移甲渠候書召恩詣鄉」，〔註 28〕也是鄉官依縣廷指示協助辦理司法案件的例子。後者以〈封診式・亡自出〉條爲代表，另外〈覆〉及〈有鞫〉兩條也是這種類型的例子。然而，不管是哪一類，鄉官皆只負責調查罪犯而不進行審判，因此在調查完畢後，皆需回報調查結果於縣廷，報告書中甚至有以「莫覆問」一詞爲結語，表示不須再行查問的要求。

至於秦代時由哪一鄉官負責追捕盜賊，現有資料中並無明確記載，甚至哪些是屬於鄉官也不能清楚的確定下來，不過睡虎地秦簡仍隱約顯示某些鄉官的記載。如〈法律答問〉第一五七號簡云：「部佐匿者（諸）民田」，〔註 29〕《續漢書・百官志五》曰：「有鄉佐，屬鄉，主民、收賦稅」，〔註 30〕故〈法律答問〉所云之「部佐」，應是鄉部之佐，漢代稱爲鄉佐，其「主民」之職亦應包括訴訟事務在內。又〈法律答問〉第一六四號簡云：

> 可（何）謂「逋事」及「乏繇」？律所謂者，當繇（傜），吏、典已令之，即亡弗會，爲「逋事」。（睡虎地圖版頁 62，釋文頁 132）

秦代基層攤派繇役的工作，應由鄉裡戶口登記的簿籍調遣民丁來進行，此簡記由「吏、典」進行分派，其「典」，既爲里典，「吏」或應爲鄉吏。總之，雖然無法明確考證出秦代鄉官爲何，但鄉確實有協助辦理司法案件的責任，且從〈封診式・覆〉及〈有鞫〉二條內容來看，兩份文書皆記某男子有罪，而由鄉發出向縣廷報告，至於這兩名罪犯何以在鄉裡被告發，其中一種可能

〔註 28〕見甘肅居延考古隊簡冊整理小組，〈「建武三年候粟君所責寇恩事」釋文〉，《文物》，1978 年第 1 期，圖版簡影頁 20，釋文頁 30。

〔註 29〕《見睡虎地秦墓竹簡・法律答問》，第 157 號簡，圖版頁 62，釋文頁 130。

〔註 30〕見司馬彪，《續漢書・百官志五》，收於《後漢書》，志卷二八，頁 1607。

即是由鄉吏逮捕歸案，故秦代鄉中應不乏追捕罪犯的官吏。

至於秦代縣廷中「主盜賊」之官爲何的問題，雖《續漢書・百官志五》云：

（縣）尉主盜賊，凡有賊發，主名不立，則推索行尋，案察姦宄以起端緒。〔註 31〕

凡縣中有盜賊，由縣尉搜求之。但《漢書・百官公卿表》只云：「（縣）皆有丞、尉」，〔註 32〕未記尉之職掌，從〈秦律雜抄〉所見之「尉」官，雖有指縣尉者，但卻都是主管軍事事務，〔註 33〕追捕盜賊則由「令史」爲之，如〈封診式・盜自告〉條言甲、丙二人共盜，甲後自告並告丙，官府遂「令〔令〕史某往執丙」，〔註 34〕令史即爲縣令之史。〈爭牛〉條亦見「令令史往齒牛年歲」，〈告臣〉條記「令令史診丙」，〈賊死〉、〈經死〉及〈穴盜〉三條亦見令令史前往案發地調查案情。〔註 35〕可知睡虎地秦簡所記，縣中發生刑事案件時，通常派遣令史前往調查之。

總之，秦漢時之里、亭、鄉及縣的政府單位中，皆設有追捕盜賊的官吏，里中以里典主之，配合什伍制舉發盜賊；亭中以校（亭）長主之，又有求盜協助之。秦代鄉官組織雖未能明確獲知，但鄉確有協助辦理司法案件之責，漢代則以游徼主盜賊事。秦代雖有縣尉一官，但縣廷中追捕盜賊之事似由令史爲之，漢代則以縣尉主之。這些官吏除辦理長官交付追查之罪犯外，亦需例行性的巡查，主動追捕轄區內的不法人士。

第二節　自告與自出

「自告」與「自出」是指罪犯本身親自向司法機關自首認罪之意。秦漢法律規定罪犯自首得減輕處罰，另外也鼓勵同案犯自首時舉發其他共犯，或以告發他案來減輕本身所犯案件需負的法律刑責。睡虎地秦簡〈法律答問〉第一三一號簡云：

把其叚（假）以亡，得及自出，當爲盜不當？自出，以亡論。其得，

〔註 31〕同上註。

〔註 32〕見《漢書・百官公卿表上》，卷一九，頁 160。

〔註 33〕睡虎地秦簡〈秦律雜抄〉之第 2、7、8、12 及 39 簡皆記有縣尉一官，然其職務皆主軍事事務。

〔註 34〕見《睡虎地秦墓竹簡》，〈封診式・盜自告〉，第 16 簡，圖版頁 69，釋文頁 150。

〔註 35〕見《睡虎地秦墓竹簡》，〈封診式・爭牛〉條第 24 號簡，〈告臣〉條第 39 號簡，〈賊死〉條第 55 號簡，〈經死〉條第 63 號簡，〈穴盜〉條第 74 號簡。

坐臧（贓）爲盜；盜罪輕於亡，以亡論。（睡虎地圖版頁 59，釋文頁 124）

此條即在解釋觸犯同樣的罪行，自首者所受的懲罰較被逮捕者輕。當攜帶借自官方的物品逃亡時，自首者以逃亡論，但對於帶走官方物品之事卻不追論；若係捕獲者，則以盜竊罪論，且依盜竊罪論處時刑責若輕於逃亡罪，則又以逃亡罪論處，總之是以兩項罪名中較重的罪行論處。

漢代詔書亦見鼓勵自告之事，如後漢明帝即位便下詔得贖天下囚徒刑責曰：

天下亡命殊死以下聽得贖論，死罪入縑二十匹，右趾至髡鉗城旦舂十匹，完城旦舂至司寇作三匹，其未發覺，詔書到先自告者半入贖。〔註 36〕

當詔書尚未到達而罪犯先行自首者，得再減半所需的贖款，其目的不外乎鼓勵罪犯自首。〈封診式〉曾出現幾條關於罪犯自出與自首的案例，如〈□捕〉條云：

爰書：男子甲縛詣男子丙，辭曰：「甲故士五（伍），居某里，迺四月中盜牛，去亡以命。丙坐賊人□命。自晝甲見丙陰市庸中，而捕以來自出。甲毋（無）它坐。」〔註 37〕

此案牽涉兩起犯罪行爲，一爲甲本身盜牛並逃亡，二爲丙犯賊殺人罪而逃亡。從簡文得知，丙並沒有自首的舉動，丙之所以被捕乃因甲犯罪後，爲減輕本身的刑責，而在市場中將丙逮捕並帶往官府。可見簡文中的「自出」行爲並非丙所爲，而甲之捕獲丙的動機則是依據秦律「告姦者與斬敵首同賞」之規定，告發丙得受獎賞或減刑。另外，〈亡自出〉條云：

鄉某爰書：男子甲自詣，辭曰：「士五（伍），居某里，以迺二月不識日去亡，毋（無）它坐，今來自出。」問之□名事里，以二月丙子將陽亡，三月逋築宮廿日，四年三月丁未籍一亡五月十日，毋（無）它坐，莫覆問。以甲獻典乙相診，今令乙將之詣論，敢言之。〔註 38〕

男子甲逃亡後自出，自出時表明其因乃今年二月中不知何日逃亡，鄉中官員調查後顯示甲於二月丙子日逃亡，在三月時又逃避修築宮室的勞役二十天，最後又查到在秦王政四年三月丁未日的簿籍上，有逃亡五個月又十天的記

〔註 36〕見《後漢書・孝明紀》，（臺北：商務印書館，1988 年，第六版），卷二，頁 54。

〔註 37〕見《睡虎地秦墓竹簡》，〈封診式・□捕〉，第 17、18 號簡，圖版頁 70，釋文頁 150。

〔註 38〕同上註，〈封診式・亡自出〉，第 96 至 98 號簡，圖版頁 76、77，釋文頁 163。

錄。可見，所謂「自出」是指犯罪案件已發生，但司法機關並不知情或不知何人所爲時，罪犯於此種情況下出來投案者。自出的案例亦見於後漢光武帝時，王先謙《後漢書集解・張禹傳》記：

禹父歆爲守皋長，有報父仇賊自出，歆召囚詣閣曰：「欲自受其辭。」既入，解械飲食便發遣，遂棄官亡命，逢赦出。〔註39〕

張歆任守皋縣長時，有替父親報仇而殺人者自出投案，張歆高其孝行而自代其罪。同書〈馬援傳〉又云竇憲有奴名玉當：

初竇氏有事，玉當亡，私從（馬）光乞，不與，恨去，懷挾欲中光，官捕得玉當，因告言：「光與憲有惡謀。」光以被誣不能自明，乃自殺。死後，憲他奴郭扈自出證明光、憲無惡謀。〔註40〕

郭扈並非本案之直接關係人，其自出亦非自己有罪向官府投案，只在出面說明此案眞實情況而已。所以「自出」應指罪犯或與案情關係之人，親自向官府說明自己所犯何罪，或陳述案情的眞實情況，有親自出面說明之意。敦煌漢簡二一八三簡亦云：

督蓬不察，欲自詣府自出言狀，宜禾塞吏敢言之。〔註41〕

上級之都尉府以爲未盡督察烽燧之職責，因此當事人欲親自前往說明實情。可見「自出」可指向官府自首澄清案情的意思。

關於「自告」則須分爲兩部份說明，一是罪犯本身向官府自首歸案，二是因秦漢「收孥法」的規定，因此出現某甲犯罪卻由妻子先自告的情況，此情況下妻子可減輕刑責。〈封診式・盜自告〉條云：

□□□爰書：某里公士甲自告曰：「以五月晦與同里士五（伍）丙盜某里士五（伍）丁千錢，毋（無）它坐，來自告，告內。」即令〔令〕史某往執丙。〔註42〕

爰書中記載甲與丙共同盜取丁者一千錢，事發後甲自己一人向官府自首，同時又道出另一共犯丙參予其事，官府受理此案後即遣令史前往逮捕丙。甲、

〔註39〕見王先謙，《後漢書集解・張禹傳》，卷四四，頁535。王氏轉引於《東觀漢紀・張禹傳》。

〔註40〕見王先謙，《後漢書集解・馬援傳》，卷四四，頁319。王氏轉引於《東觀漢紀・馬援傳》。

〔註41〕見甘肅省文物考古研究所編，《敦煌漢簡》，（北京：中華書局，1991年，第一版），第2183簡，圖版頁174。

〔註42〕見《睡虎地秦墓竹簡》，〈封診式・盜自告〉，第15、16號簡，圖版頁70，釋文頁150。

丙二人雖犯同樣罪行，卻因二人的到案方式不同，因此根據秦律自告者得減刑的規定，甲所受刑責肯定較丙輕。又〈奏讞書〉第六個案例云：

> 漢中守讞：公大夫昌苔（笞）奴相如，以辜死，先自告。相如故民，當免作少府，昌與相如約，弗免。已獄治，不當爲昌錯告、不孝，疑罪。廷報：錯告，當治。〔註 43〕

昌笞打奴相如致辜死後自首投案，漢中太守不知要論以「錯告」或「不孝」罪，故上讞之，廷尉回報應論以「錯告」之罪。在昌先自告的情況下，廷尉論昌以較輕的「錯告」罪。又《漢書・衡山王賜傳》記元狩元年冬，有司求捕與淮南王共同謀反者，有一陳喜常與淮南王計反狀，藏於淮南王少子孝家中，後遭有司逮捕。孝恐陳喜揭發其事，遂「聞律自告者除其罪」，先向有司自首，另外又告發參與謀反者，結果孝以「先自告反，告除其罪」，〔註 44〕可見武帝時漢律仍有先自告者除其罪之規定。

至於妻子先自告的情況，則是因秦代及漢初實行「收孥法」的關係。〔註 45〕《史記・商君列傳》云：「事末利及怠而貧者，舉以爲收孥」，〔註 46〕可知秦國自商鞅變法後即施行收孥法，直到漢文帝始廢。《史記・孝文本紀》曰：

> 今犯法已論，而使無罪之父母、妻子、同產坐之，及爲收孥，朕甚不取。〔註 47〕

文帝以犯罪者已論，不忍罪及親屬故廢之。文獻對於家人犯罪必須收孥的家屬範圍，並未明確記載，不過睡虎地秦簡〈法律答問〉第一七〇號簡云：

〔註 43〕見江陵張家山漢簡整理小組，〈江陵張家山漢簡「奏讞書」釋文〉（一），《文物》，1993 年第 8 期，第六案例，頁 23 至 24。〈釋文〉「弗免」下標「，」、「錯告不孝」間無「、」。又〈奏讞書〉第二一案例有云：「不孝者棄市」，知「不孝」罪需論以重刑。見江陵張家山漢簡整理小組，〈江陵張家山漢簡「奏讞書」釋文〉（二），《文物》，1995 年第 3 期，頁 35。

〔註 44〕見《漢書・衡山王賜傳》，卷四四，頁 585。

〔註 45〕王先謙，《後漢書集解・孝安帝紀》云：「其沒入官爲奴婢者」，卷五，頁 102。王先謙集解引惠棟曰：「漢律云，罪人妻子沒爲奴婢黥面。」則收孥法至後漢仍未廢。

〔註 46〕瀧川龜太郎，《史記會注考證・商君列傳》，（臺北：宏業書局，民國 64 年，再版），卷六八，頁 869、870，考證云：「中井積德曰：以爲收孥者指末利、怠貧者當身而言，以爲奴役也，非指其妻子。」不過由《睡虎地秦簡・法律答問》第 170 簡云：「夫有罪，妻先告，不收。」可知秦律之收孥法實包括妻子在內。

〔註 47〕《史記・孝文本紀》，（臺北：商務印書館，民國 77 年，臺六版）卷十，頁 154。

> 「夫有罪，妻先告，不收。」妻賸（媵）臣妾、衣器當收不當？不當收。（睡虎地圖版頁 63，釋文頁 133）

原本丈夫犯罪妻子必須收爲官奴，但妻子知情先自告，故得不受收孥法所及，且秦律爲鼓勵自告，妻子陪嫁之奴婢及衣物皆不沒收。相反的，若妻子不先自告，則本身及其「賸臣妾、衣物」，皆需收之。自告並不專指罪犯本身出來投案，凡是法律上涉及此案之人皆得自告，不論是罪犯本身或由案件相關者之自告，在秦漢法律上皆得減刑或免刑。其減刑或免刑的範圍，只限於自告者本身，如上引〈法律答問〉一七○號簡所言，自告者爲罪者之妻，故妻及賸臣妾不收，而她的丈夫不能因妻子的自告而減刑。又如〈封診式・盜自告〉條所見者亦是如此，其自告者只一人，因此同案罪犯不得因此而減刑。

第三節　賞告

「賞告」指某甲發現犯罪事實後，前往官府告發此事，或甚至將罪犯帶往官府控告此人，如此做，在秦漢法律上將對此告發者施以獎賞。這是秦漢法律中除自首外的另一項鼓勵告發的方式。賞告可分爲兩方面，一是百姓自發性的檢舉罪犯，二是政府發布購求通緝者。賞告的法律規定從商鞅變法時的秦國就已開始實施，秦國自獻公十年（西元前 375 年）施行「爲戶籍相伍」制後，將原本行之於軍事組織的制度推展至民間，到孝公商鞅變法時，進一步規定「令民爲什伍，而相收司連坐」，將百姓組織成環環相扣的網，目的在於便利傜役徵調，及嚴密地控制百姓。

民間實施什伍制的目的之一在於舉發犯罪，法律規定「不告姦者腰斬，告姦者與斬敵首同賞，匿姦者與降敵同罰」，〔註 48〕秦國人民於什伍編制內，不但不得隱匿罪犯，同時還要負起告發罪犯的義務。睡虎地秦簡〈秦律雜抄・敦（屯）表律〉云：

> 軍新論攻城，城陷，尚有棲未到戰所，告曰戰圍以折亡，叚（假）者，耐；敦（屯）長、什伍智（知）弗告，貲一甲；稟伍二甲。〔註 49〕

軍隊中什伍編制的目的在告發匿姦者，因此與罪犯同伍之人不舉發時將罰二

〔註 48〕見《史記・商君列傳》，卷六八，頁 758。

〔註 49〕見《睡虎地秦墓竹簡》，〈秦律雜抄・敦表律〉，第 35、36 號簡，圖版頁 45，釋文頁 88。

甲，屯長及同什之人知情不報罰一甲，這種差別的原因是基於同伍之人與罪犯最為接近，故處罰較重。又〈法律答問〉第九九號簡云：

> 賊入甲室，賊傷甲，甲號寇，其四鄰、典、老皆出不存，不聞號寇，問當論不當？審不存，不當論；典、老雖不存，當論。（睡虎地圖版頁 57，釋文頁 116）

里內發生盜賊事，經審訊後確定同伍之人不知情，可無須論處，但典正及伍老卻無法免其刑責。

至於哪一類罪犯是秦代法律獎勵告發的對象，栗勁將它分為四類，〔註 50〕綜觀這四類不外指犯罪行為發生後，官府無法完全掌握案情，因此獎勵百姓將罪犯逮捕至官，並給予賞金。但從睡虎地秦簡所記關於賞告的規定可知，賞告的成立有其限制性，分別是（1）依捕得亡者的刑責輕重而有不同賞金。如〈法律答問〉第一三六號簡記捕得「刑城旦」者，「人購二兩」，〔註 51〕但第一三○號簡云：

> 捕亡，亡人操錢，捕得取錢。所捕耐罪以上得取。（睡虎地圖版頁 59，釋文頁 124）

若被逮捕者身上有錢，且刑責在耐罪以上，則捕得此人者就可取得此錢。同樣規定捕得耐罪以上始能獲取賞金的律文又見於〈法律答問〉第一四○號簡，其云：

> 盜出朱（珠）玉邦關及買（賣）於客者，上朱（珠）玉內史，內史材鼠（予）購。●可（何）以購之？其耐罪以上，購如捕它罪人；貲罪，不購。（睡虎地圖版頁 60，釋文頁 126）

亦知捕獲耐罪以上之人，始能獲取賞金。因此，賞金的多寡是依據所捕得者的罪刑輕重而給予不同金額的獎賞。（2）賞告事實的審核。官府受理賞告後必須調查罪犯犯罪事實，若所告之罪與眞實案情不符，亦不給予賞金，且告者甚至將因其「誣告」或「告不審」而獲罪。所謂「誣告」是指明知某人無犯罪行為，卻故意向官府提出對某人的控訴。「告不審」是指不能確定犯罪者何人，卻對某人提出控告，或是指控告某人之犯罪行為並不確實。這兩項罪

〔註 50〕見栗勁，《秦律通論》，（山東：人民出版社，1985 年，第一版），頁 322 云：「秦的訴訟法規獎勵百姓逮捕扭送官府的，不外是：一、現行犯。二、隱匿犯。三、潛逃犯。四、越獄犯。」總歸這四類，共同點在於這些罪犯都是官府無法完全徹底控制者，所以獎勵人民告發。

〔註 51〕見《睡虎地秦墓竹簡》，〈法律答問〉，第 136 號簡，圖版頁 60，釋文頁 126。

名都要以所告之罪反罪之論處，如〈法律答問〉第九六、九七號簡云：

> 今甲曰伍人乙賊殺人，即執乙，問不殺人，甲言不審，當以告不審論，且以所辟，以所辟論當毆（也）。〔註52〕

甲控告同伍乙殺人，並將乙拘捕，但官府審問的結果顯示乙並未殺人，因此甲所告不實，官府反而以甲控告乙之罪論處之。因此，當告發他人時，必須掌握確實證據，若經官府調查後，以爲所告之罪與罪犯所犯之罪的性質相距過大或所告不實，官府非但不獎賞，反而會起訴控告者。（3）賞告不適用於官吏。〈法律答問〉第一三九號簡云：

> 有秩吏捕闌亡者，以畀乙，令詣，約分購，問吏及乙論可（何）？當貲各二甲，勿購。（睡虎地圖版頁60，釋文頁125）

秦律賞告之精神在於鼓勵人民告發罪犯，有秩吏職責本在於追捕盜賊，因此將自己捕獲的逃亡者交給他人帶往官府以求取賞金，此爲有秩吏貪取賞金而虧於職守，故反被罰二甲。

〈封診式〉中有兩條記某甲「縛詣」罪犯至官府者，若追究其「縛詣」之因，或許亦在求取賞金。〈封診式．□□〉條云：

> 〔爰〕書：某里士五（伍）甲、乙縛詣男子丙、丁及新錢百一十錢、容（鎔）二合，告曰：「丙盜鑄此錢，丁佐鑄。甲、乙捕索（索）其室而得此錢、容（鎔），來詣之。」〔註53〕

甲、乙二人見丙、丁有盜鑄錢之行爲，遂縛綁二人，且連同盜鑄之金錢及使用的工具，帶往官府告發其事。甲、乙二人皆爲士伍，當二人得知丙、丁盜鑄錢事，爲求得證據，甚至搜查二人的房屋，且將索得私錢與盜鑄錢的模子攜往官府，其如此費力的目的不外想證明丙、丁二者的犯罪事實，不致使自己成爲誣告者。

秦法獎勵告姦，《史記．商君列傳》云：「告姦者與斬敵首同賞」，《索隱》云：「告姦一人則得爵一級」，《正義》云：「告奸之人賜爵一級」。〔註54〕秦國

〔註52〕見《睡虎地秦墓竹簡》，〈法律答問〉，第96、97號簡，圖版頁56、57，釋文頁116。另〈法律答問〉第138號簡記某甲捕乙並告乙偷蓋縣丞官印而逃亡，經詢問甲所告乙逃亡的日期不合，其他都如甲所告，但是甲亦不受獎賞。

〔註53〕見《睡虎地秦墓竹簡》，〈封診式．□□〉，第19、20號簡，圖版頁70，釋文頁151。另一條是〈封診式．奸〉，同樣是由士五（伍）將姦者二人逮捕帶往官府告發其事。

〔註54〕見《史記．商君列傳》，卷六八，頁758。

將獎勵首功的方式用來鼓勵告姦，故以賜爵獎賞告姦者。不過睡虎地秦簡所見之賞告，並非皆以賜爵來獎勵，而是以金錢的實質獎賞來代替賜爵，如〈法律答問〉第一三六號簡云：

夫、妻、子五人共盜，皆當刑城旦，今中〔甲〕盡捕告之，問甲當購○幾可（何）？人購二兩。〔註55〕

購，賞也。《墨子・號令》作「構」，孫詒讓《墨子閒詁》引蘇時學云：「構與購同，賞也。」〔註56〕當甲捕得一家五人共盜者並將之詣官，所得之賞金是依其捕獲的人數而定，甲捕得當刑城旦者五人，可獲得官府黃金十兩之獎賞。又如〈法律答問〉第一三七號簡記某甲捕得刑城旦罪者八人，同樣是以一人賞二兩黃金論。〔註57〕同樣的，睡虎地秦律對於知情而不告姦者的懲罰，也不再使用刑罰，而是罰以戰爭所需的裝備，如甲、盾之類。〔註58〕

另外有官府以文書交付各地機關購求罪犯之事，如秦王以千金求得張耳、五百金求得陳餘，〔註59〕漢高祖以千金購求季布，〔註60〕昭帝以重賞捕求羌族豪民等等，〔註61〕皆以金錢行購之。居延破城子二二探方出土的漢簡中，以法律條文——「科」的形式，將購賞內容記載於其中，例如有「捕斬匈奴虜、反羌科別」、「捕匈奴虜購科賞」及「捕反羌科賞」。〔註62〕其中 E.P.F 22：23 簡云：

有能生捕得反羌，從傲外來，爲閒（間）候動靜中國，兵欲寇盜殺

〔註55〕《睡虎地秦墓竹簡》，〈法律答問〉，第 136 號簡，圖版頁 60，釋文頁 125。另有關賞告的規定，可見〈法律答問〉第 130、134、135、137、139、140 及 141 號簡。

〔註56〕見孫詒讓，《墨子閒詁・號令》，（臺北：商務印書館，1939 年），卷一五，頁 368。

〔註57〕見《睡虎地秦墓竹簡》，〈法律答問〉，第 137 號簡，圖版頁 60，釋文頁 125。

〔註58〕見《睡虎地秦墓竹簡・法律答問》，第 10 號簡：「弗覺，問乙論可（何）（也）？毋論。其見智（知）之而弗捕，當貲一盾。」圖版頁 49，釋文頁 96 是乙不知甲盜，故不論，若知情而不加捕拿，就應罰一盾。可見對不告姦者亦罰以兵器，但是處罰的輕重亦不相同，是依照罪犯刑責的輕重來懲處不告姦者的。

〔註59〕見《史記・張耳陳餘傳》，卷八九，頁 905。

〔註60〕見《史記・季布傳》，卷百，頁 970。

〔註61〕見《漢書・趙充國傳》，卷六九，頁 860。

〔註62〕見 E.P.F 22：221 至 235 簡皆記載賞告科條，釋文見文化部古文獻研究室、中國社會科學院歷史研究所、甘肅省文物考古研究所、甘肅省博物館編，《居延新簡》，（北京：文物出版社，1990 年 7 月，第一版），頁 492。

略人民，吏增秩二等，民與購錢五萬，從奴它與購如比。〔註63〕

「捕反羌科賞」規定捕得反羌及爲間中國者，官吏增秩二等，百姓購錢五萬，奴婢購賞亦如百姓。可見增秩用於官吏，百姓則以金錢賞之。然而這可能是因光武初期，匈奴與羌人嚴重爲患邊境而特別制定者，因此賞告的金額較高，條件也較優厚。

秦時以匿姦受罪、告姦得賞的規定來要求百姓共同防備盜賊，此種方式持續至漢代。〈奏讞書〉之第十四個案例云：

●（漢高祖）八年十月己未安陸丞忠刻（劾）獄史平舍匿無名數大男子種一月，平曰：誠智（知）種無〔名〕數，舍匿之，罪，它如刻（劾）。〔註64〕

漢初仍有匿姦者獲罪的法律規定。賞告是與什伍制的告姦配合使用，當百姓發現同什伍之人犯罪，便有義務向官府控告，不同什伍之人，亦可因告發罪犯而獲賞，如此則鄉里秩序容易維持。且當罪犯逃離戶籍地，除罪犯自首或由官府逮捕外，賞告制也發揮了揭發隱匿犯的功能。由此可見，秦代政府對防範犯罪及舉發罪犯作出相當大的努力。

若依告發的種類來劃分，又可分爲「公室告」與「非公室告」，此爲向國家機關控告時的規定。另有「家罪」者，係指有關家族犯罪之規定。〔註65〕〈法律答問〉第一○三號簡云：

「公室告」〔何〕殹（也）？「非公室告」可（何）殹（也）？賊殺傷、盜它人爲「公室」；子盜父母，父母擅殺、刑、髡子及奴妾，不爲「公室告」。（睡虎地圖版頁57，釋文頁117）

訴訟種類分爲「公室告」與「非公室告」，「公室告」似指可向國家機關提起訴訟的犯罪行爲，例如賊殺及盜竊；但若因控告者與被告有血源或主僕關係，雖父母對兒女子或主人對奴妾有此類行爲，將被視爲「非公室告」，即兒女或奴僕不得向政府機關提出控告，如〈法律答問〉第一○四號簡云：

「子告父母，臣妾告主，非公室告，勿聽。」可（何）謂「非公室告」？●主擅殺、刑、髡其子、臣妾，是謂「非公室告」，勿聽。而

〔註63〕同上註，頁492。

〔註64〕見江陵張家山漢簡整理小組，〈江陵張家山漢簡「奏讞書」釋文〉（一），《文物》，1993年第8期，第十四案例，頁24。

〔註65〕見金燁，〈《秦簡》所見之「非公室告」與「家罪」〉，《中國史研究》，1994年第1期，頁139。

行告，告者罪。告〔者〕罪已行，它人有（又）襲其告之，亦不當聽。（睡虎地圖版頁57，釋文頁118）

當父母賊殺或施刑於其子或臣妾，子欲告其父及臣妾欲告其主，皆爲「非公室告」，官府並不受理。若強行控告，控告者反而有罪；且當控告者已遭論罪，卻由他人替其告發，亦不受理。可見秦代政府將告發種類依原告與被告之身分關係分爲兩類，目的在保障家長享有的司法特權。

「家罪」者，疑指家族內的犯罪問題。〈法律答問〉第一〇六號簡云：

「家人之論，父時家罪殹（也），父死而誧（甫）告之，勿聽。」可（何）謂「家罪」？「家罪」者，父殺傷人及奴妾，父死而告之，勿治。（睡虎地圖版頁57，釋文頁118）

秦法規定一人犯罪，應連及家屬。但此條所見，當父親犯罪時，應依告發時間的時間點而分爲兩種情況，一是父親在世時即告發者，則家屬須以連坐法論罪，二是父親賊傷他人或奴妾，但在其死後才告發者，則不論其家屬之罪，〔註66〕故知「家罪」係規定家屬連坐之事。

最後，再討論受理告發及起訴單位的問題。就受理告發單位而言，睡虎地秦簡所見，並無限制向哪一單位告發，如〈封診式・亡自出〉條所記，某甲向鄉級單位自出，〈告子〉條所記，某甲向縣級單位告發其親子，因此縣、鄉皆爲受理告發之單位。但起訴則以縣爲最基層之單位，雖然縣級以下的亭或鄉、里得受理告發，但都需將驗問及調查結果呈報縣廷，由縣廷進行司法審理。睡虎地秦簡所見之縣廷是最基層之司法審理單位，但〈法律答問〉第九五號簡卻云：

「辭者辭廷。」●今郡守爲廷不爲？爲殹（也）。｜「辭者不先辭官長、嗇夫。」｜可（何）謂「官長」？可（何）謂「嗇夫」？命都官曰「長」，縣曰「嗇夫」。（睡虎地圖版頁56，釋文頁115、116）。

睡虎地秦簡常見「大嗇夫」及「縣嗇夫」之名，此二者皆爲縣令、長之代稱。〔註67〕〈奏讞書〉的第三個案例是胡縣令（長）狀及縣丞憙在漢高祖十年上讞之案件，其簡文云：

〔註66〕故〈法律答問〉第106號簡所云之「勿治」非指不受理告發，而應理解爲不論處。

〔註67〕見陳中龍，〈睡虎地秦簡所見之官嗇夫〉，《中興史學》，創刊號，（臺中：國立中興大學歷史學研究所，1994年12月），頁11至15。

大僕（申）不害行廷尉事，謂胡嗇夫讞獄史闌，讞固有審，廷以聞，闌當黥爲城旦，它如律令。〔註 68〕

廷尉申不害亦以「胡嗇夫」稱胡縣令（長）。因此〈法律答問〉第九五號簡所云之「縣曰：嗇夫」，其「嗇夫」亦應爲縣令（長）之別稱。但縣令（長）何以不能受理告發呢？筆者認爲此處的「辭」應解釋爲上讞之意，那麼縣令（長）不爲受理上讞之人是可被理解的，因縣級是審理司法案件的最基層機關，其上讞之單位應爲郡府。〔註 69〕綜上所述，睡虎地秦簡所見之告發方式有五種，依此五種規定，再遵守控告時的條件，則官府理應受理案件並進行調查與審理。

〔註 68〕見江陵張家山漢簡整理小組，〈江陵張家山漢簡「奏讞書」釋文〉（一），《文物》，1993 年第 8 期，第三案例，頁 23。

〔註 69〕有關上讞之方式，可參見彭浩，〈談「奏讞書」中的西漢案例〉，《文物》，1993 年，第 8 期，頁 33。

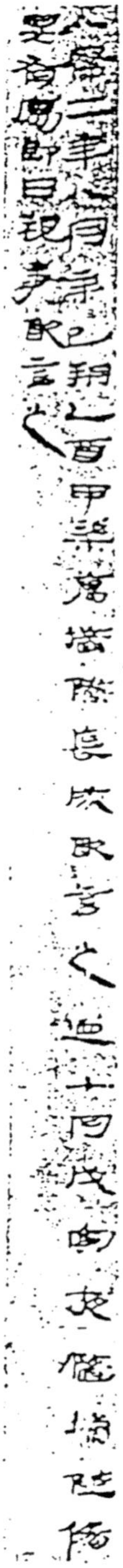

居延漢簡6.8簡，據勞榦，《居延漢簡・圖版之部》，頁193縮小影印

居延漢簡6.5簡，據勞榦，《居延漢簡・圖版之部》，頁193縮小影印

居延漢簡229.1；229.2簡，據勞榦，《居延漢簡・圖版之部》，頁443縮小影印

居延漢簡45.23簡，據勞榦，《居延漢簡・圖版之部》，頁131縮小影印

第六章　訴訟案件中的爰書

一件訴訟案的成立，必需先經過告發的程序，而且必須符合告發時的規定，官府才會受理而成爲訴訟案件。再者，以睡虎地秦簡〈封診式〉爲例，其中的爰書內容皆與訴訟案件相關，全部都作爲記錄訴訟案件之用，因此，可將〈封診式〉中的爰書，視爲某甲向官府控告且成立爲訴訟案件後，官府將之與相關的案情記錄於其中的文書。另外，就居延漢簡所見的爰書而言，內容大概可分爲七種，即（1）自證爰書；（2）相牽證任爰書；（3）秋射爰書；（4）斥免官吏爰書；（5）貰賣衣財物爰書；（6）疾病爰書；（7）毆殺爰書。此七種外，應還存在更多不同爰書之名稱，因此，若要從簡牘中尋找爰書內容，除了由已知的爰書名稱著手，似乎更該從瞭解爰書的功能進行，亦即應理解在何種情況下會使用爰書。

以《史記・張湯列傳》所載張湯審理的鼠盜案而論，知其所傳的爰書是做爲司法訴訟之用，爲張湯命令盜鼠移爰書自證之意。漢代爰書的使用範圍雖不盡然限於訴訟程序中，但由此程序來理解爰書的功能亦是一種有效之方法。居延漢簡所見爰書中，除自證爰書作爲訴訟程序中被告的申辯文書，秋射爰書作爲「自言」秋射成績者的證明文書，以及「貰賣衣財物爰書」作爲貰賣與否的證明文書外，其他種類的爰書，似乎都不關訴訟之事，而只作爲向上級證明或說明某事之用。而且，若再參考睡虎地秦簡〈封診式〉中的爰書，更知訴訟案件中並非只有自證爰書一種，其他尚有官吏上報與案情相關之爰書。因此，理解秦漢訴訟程序中的爰書，不能將其限於自證爰書一類，而應通盤的考察訴訟案件中出現的爰書種類。

第一節　爰書的角色

一、作爲訴訟程序中被告的申辯書

《史記・張湯列傳》所記的鼠盜案中，爰書的功用爲盜鼠之申辯書，而居延漢簡所見的債務糾紛案中，當某甲「自言責」某乙，乙不承認負債之事，便爰書自證，其爰書被稱爲「自證爰書」，目的在爲自己申辯。自證爰書皆含告知律令之內容，主要分爲兩部份，一爲驗問官吏向被告「證」告觸犯何罪，二爲向爰書自證者「辨告」驗問時需注意的法律規定。綜合這兩項內容，知告知律令的目的，乃欲以法律責任的擔負而要求爰書自證者在申辯時，必須提出眞實的供辭，爰書自證者接受這些法律規定，亦使得自證爰書具備法律文書的性質，於是在審理案件時，自證爰書便被作爲被告的口供證據，司法官吏亦將藉此判斷案件的眞實情況，並進一步論報此案。

居延漢簡常見「自言貰賣」之類的訴訟案，意指某甲向官府控告貰賣物品於某乙的案件，如 E.P.T 51：249 云：

> 第卅二隊卒鄭邑聚里趙誼，自言十月中貰賣系絮二枚直三百居延昌里徐子放所，已入二□。〔註 1〕

又 206.28 簡云：

> ☐□既，自言五月中行道貰賣皁復袍一領，直千八百，皁□直七百五十
>
> ☐□賣縑長袍一領直二千・凡直六千四百。皁絝一兩，直千一百，居延平里男子唐子平所。〔註 2〕

又 E.P.T 51：314 簡云：

> ☐自言五月中富昌隊卒高青爲富賣皁袍一領，直千九百，甲渠
>
> ☐令史單子巽所。(《居延新簡》、頁 199)

又 203.3 簡云：

> ☐自言貰賣系一斤直三百五十，又麴四斗直卅八，驚虜隊長李故所。

〔註 1〕E.P.T 51：249 簡釋文，見文化部古文獻研究室、中國社會科學院歷史研究所、甘肅省文物考古研究所、甘肅省博物館編，《居延新簡》，(北京：文物出版社，1990 年 7 月，第一版)，頁 195。以下引用新居延漢簡，釋文頁數皆依此書。

〔註 2〕居延漢簡 206.28 簡，圖版頁 224，據勞榦撰，《居延漢簡・圖版之部》，(臺北：中央研究院歷史語言研究所，民國 66 年，再版)。以下引用舊居延漢簡，圖版頁數皆據勞榦所撰書，並簡稱爲「圖版」。

（圖版頁 225）

蓋吏卒貰賣衣物本有「吏卒貰賣名籍」記錄之，名籍中不但記錄貰賣吏卒的姓名，對貰賣過程、物品、買受人地點，以及交易金額的收付情況都有記載。當吏卒自言貰賣某物於某所後，官府需移自言貰賣書於所告之人的轄屬單位，如上引的 E.P.T 51：249 及 206.28 簡，皆記某甲自言貰賣財物於居延縣某乙所；E.P.T 51：314 及 203.3 簡，則知某甲曾自言貰賣財物於甲渠障之屬吏，故移自言貰賣財物書於甲渠候官，要求協助處理。

當甲渠障官吏調查或驗問被告後，被告若不承認買受所告之財物，則可爰書自證。從居延漢簡的買賣關係文書所見，買賣行爲多以立「券」爲憑證，並需有「任者」擔保之，故當被告爰書自證時，得以這兩項條件爲其自證之根據，相反的，當某甲自言貰賣衣財物於某乙時，亦得以此二條件爲其控告的根據。

不過，如 E.P.T 51：249 所記，第卌二隧卒趙誼自言貰賣財物於徐子放所，且已取得部份款項，趙誼自言此案應是想取回不足的餘款，這種情況就與「自言責」一類的訴訟案相似，因某甲「（數）責不可得」而向官府控告此事。所以，「自言貰賣衣財物」引起的訴訟案，應類似「自言責」一類，只是前者以「貰賣衣財物」表示債款的產生原因，而後者未表明而已。故知凡在債務糾紛案的審理過程中，自證爰書的出現，是在某甲自言某乙欠債或貰買財物後，乙不服指控，遂以自證爰書提出申辯。

二、作爲訴訟案件中的證明或報告文書

居延漢簡的「戍卒貰賣衣財物爰書」（10.34A 簡，圖版頁 67），是戍卒向官府證明其是否貰賣衣財物於它所的文書，與其相對的是「卒不貰賣爰書」（E.P.T 56：82 簡，《居延新簡》頁 313），其內容就如 E.P.T 57：97 簡所記：

〼得毋有侵假藉貸錢財物以惠貿易器。

〼簿，不貰賣衣物、刀劍，衣物客吏民所。證所言。它如爰書，敢言之。（《居延新簡》，頁 344）

此簡爲證明其不貰賣衣物、刀劍於客吏民所之文書。居延漢簡有「貰賣名籍」，如 E.P.T 56：263 簡云：

甘露三年二月卒貰賣名籍。（《居延新簡》，頁 325）

另有「不貰賣名籍」，如 564.25 簡：

元康二年三月，乘胡隧長張常業亭卒不貰賣名籍。（圖版頁 48）

可見貰賣與否皆需登錄。因此，當吏卒因貰賣衣財物而發生糾紛時，必須以爰書來證明，若確定貰賣，就以「貰賣爰書」報告，若未貰賣，則以「不貰賣爰書」證明。採取如此之措施，似因吏卒貰賣的衣財物多爲官授，或因吏卒代官府貰賣官物所致，因此官府必須掌握財物流向，以利會計與登錄。

再由「秋射爰書」來看，它作爲「自言」秋射成績者的證明文書，如 E.P.T 53：138 簡云：

甘露二年八月戊午朔丙戌甲渠令史齊敢言之，第十九隧長敞自言當以令秋射署功勞，即石力發弩矢□弩臂皆應令。甲渠候漢彊、守令史齊署發中矢數于牒，它如爰書，敢言之。(《居延新簡》，頁 290)

此簡當爲甲渠候官製發的秋射爰書。候官製發之因，乃敞自言於候官，以爲自己參加秋射時皆「應令」，卻未得到應有的賜勞。候官爲證明敞所言屬實，乃註明敞之中矢數，證明敞所言不假。所以，此簡所記雖有申訴之意，但亦具備證明的性質。另一方面，秋射爰書的製發也可能不出於受試者的申訴，而是來自都尉府或太守府對秋射名籍所記秋射成績感到懷疑而提出，此時候官亦需以爰書上報，如 28.15 簡云：

□月庚戌朔己卯，甲渠障候誼敢言之，府書曰：蓬隊長秋以令射，長吏雜試臬。

□都尉府謹都隊長偃，如牒，謁，以令賜偃勞十五日，敢言之。(圖版頁 220)

此簡涉及士吏秋射成績及賜勞之事，雖然文意無法全部理解，但其大意是說：因太守曾對「蓬隊長」(或即爲隊長偃)的秋射成績感到懷疑，而令都尉府查明之，故甲渠障候誼就以此書上報說明。又如 6.5 簡云：

五鳳二年九月庚辰朔己酉，甲渠候漢彊敢言之，府書曰：候長士吏蓬隊長以令秋射，署功勞，長吏雜試，會□封移都尉府，謹移第四隊長奴記秋射爰書一編敢言之。(圖版頁 193)〔註 3〕

此簡內容與上引 28.15 簡相似，即太守質疑甲渠「第四隊長奴記」的秋射成績，故甲渠候長彊移秋射爰書一編以說明之。可見當上級命令解釋某事時，下級亦以爰書上報說明。因此以「秋射爰書」的製發而言，可分爲兩種情況，一是受試人「自言」於候官而由候官提出，此時的秋射爰書具有申辯之意義；二是應

〔註 3〕見大庭脩撰、林劍鳴等譯，〈爰書考〉，收入《秦漢法制史研究》，(上海：人民出版社，1990 年)，頁 507。

上級之命令而由障候以秋射爰書上報，此時爰書具有說明與證明之功效。

若以睡虎地秦簡〈封診式〉的爰書而論，知訴訟案中的爰書，並非只有自證爰書一種，另外有某些爰書是作爲向上級報告之用，如〈封診式・封守〉條所記的爰書就是如此。〈封守〉條云：

> 封守　鄉某爰書：以某縣丞某書，封有鞫者某里士五（伍）甲家室、妻、子、臣妾、衣器、畜產。●甲室、人：一宇二內，各有戶，內室皆瓦蓋，木大具，門桑十木。●妻曰某，亡，不會封。●子大女某，未有夫。●子小男子某，高六尺五寸。●臣某，妾小女子某。●牡犬一。●幾訊典某某、甲伍公士某某：「甲黨（倘）有〔它〕當封守而某等脫弗占書，且有罪。」某等皆言曰：「甲封具此，毋（無）它當封者。」即以甲封付某等，與里人更守之，侍（待）令。〔註4〕

〈封守〉條所記爰書爲鄉中官吏回應縣丞命令查封犯罪者家產之文書，內容包括縣丞文書的摘錄及鄉吏執行情況的報告。所以就此條爰書而言，所記內容雖與訴訟案相關，但從文書的功用而論，則爲回覆縣丞的報告文書。另有〈亡自出〉條，其中的爰書也應視爲上報某事之文書。其簡文云：

> 亡自出　鄉某爰書，男子甲自詣，辭曰：「士五（伍），居某里，以迺二月不識去亡，毋（無）它坐，今來自出。」問之□名事定，以二月丙子將陽亡，三月中逋築宮廿日，四年三月丁未籍一亡五月十日，毋（無）它坐，莫覆問。以甲獻典乙相診，今乙將之詣論，敢言之。〔註5〕

鄉某爰書云男子甲逃亡後自出，鄉吏對甲自出之事進行調查，以確定其自出之因。然而，因秦代的鄉無司法審理之權，因此當鄉吏調查完畢之後，勢需將調查結果送交縣廷，由縣廷審理。故〈亡自出〉條所記之爰書，乃鄉吏將處置情況上報縣廷的文書。因此，以〈封守〉及〈亡自出〉二條爰書而言，其製發之因，前者乃接獲縣廷命令，由鄉官依命令所作之回應，可視爲被動的製發；後者則爲鄉官本身接獲告發，主動將案件的調查結果上報。

另外，〈封診式・賊死〉條出現兩份爰書，其簡文云：

> 賊死　爰書：某亭求盜甲告曰：「署中某所有賊死、結髮、不智（知）

〔註 4〕見睡虎地秦墓竹簡整理小組編，《睡虎地秦墓竹簡》，（北京：文物出版社，1990年，第一版），〈封診式・封守〉，第 8 至 12 號簡，圖版頁 69，釋文頁 149。

〔註 5〕同上註，〈封診式・亡自出〉，第 96 至 98 正簡，圖版頁 76、77，釋文頁 163。

可（何）男子一人，來告。」即令令史某往診。令史某爰書：與牢隸臣某即甲診。……〔註6〕

令史某爰書中記錄了勘驗賊死男子的現場情況及其處置措施。〈賊死〉條中的第一份爰書記錄求盜甲的訴辭，第二份爰書則為令史某的案情調查報告書。又〈經死〉、〈穴盜〉及〈出子〉三條中，同樣見到兩份爰書，如〈經死〉條的第一份爰書記：某里典甲告里人丙經死其室，第二份爰書則為令史某的調查報告書；〔註7〕〈穴盜〉及〈出子〉條的第一份爰書，分別記錄某里士伍乙及某里士伍妻甲的訴辭，第二份爰書則分別為令史某及丞乙的案情調查報告書。〔註8〕因此，由〈封診式〉所見，知訴訟案件中另有官吏以爰書之形式記載某人的訴辭，或向上級報告奉命調查案情的結果，此類爰書，並非作為被告的申辯文書，而只是下級的上報文書而已。

總之，訴訟案件中爰書的角色可分為兩種，一為被告的申辯文書，如居延漢簡所見的自證爰書；二為下級的上報文書，如〈封診式〉中的爰書。後者又可分為兩種情況，一是依上級命令執行某項任務後，上報執行情況或結果的報告書，二是下級機關主動上報的說明書。因此，大庭脩稱「爰書」為「代口辭之書」，並可根據其內容冠以不同名稱的說法，應是指訴訟案中被告的申辯書，但他又將爰書認定為「向官府申告個人私事的文書」，此種意見就需再討論。〔註9〕

第二節　自證爰書的傳達

一、被告與原告之間

關於「傳爰書」的問題，過去只能由《史記・張湯列傳》（《漢書・張湯傳》記載相同）來理解，但傳中只云：「傳爰書」，未詳言如何「傳」。歷代學者對「傳爰書」的解釋也不盡詳細，例如有關「傳」字的解釋有裴駰《集解》云：

〔註6〕見《睡虎地秦墓竹簡》，〈封診式・賊死〉，第55至62簡，圖版頁73、74，釋文頁157。

〔註7〕同上註，〈封診式・經死〉，第63至72簡，圖版頁74，釋文頁158、159。

〔註8〕見《睡虎地秦墓竹簡》，〈封診式・穴盜〉，第73至83簡，圖版頁75，釋文頁160。〈封診式・出子〉，第84至90簡，圖版頁75、76，釋文頁161、162。

〔註9〕見大庭脩撰、林劍鳴等譯，〈爰書考〉，收入《秦漢法制史研究》，頁519。

蘇林曰：傳囚也。〔註10〕

蘇林以「傳」爲傳送囚犯之意，但〈張湯列傳〉未記張湯如何移囚至他官之事。司馬貞《索隱》云：

韋昭云：爰，換也。古者重刑，嫌有愛惡，故移換獄書，使他官考實之，故曰傳爰書也。〔註11〕

韋昭將傳爰書作一詞解釋，認爲是將爰書移換他官考實之意，故「傳」爲傳達的意思。可是王先謙懷疑張湯爲兒戲，不必如平日有移換他官考實之事。〔註12〕張湯是否有移換他官，或漢代是否有移換他官考實之制，目前已不得詳考，但韋昭將傳爰書解釋爲移送「獄書」，此說法已有部分正確性。顏師古注云：

傳，謂傳逮，若今之追逮赴對也。〔註13〕

顏師古根據唐代的追逮赴對而將「傳」解釋爲逮捕罪犯，但張湯前已「掘熏得鼠及餘肉」，俱得罪犯與證據，故何以掠治後再追捕罪犯，此爲不合程序之處。錢大昕云：

予謂傳蓋傅字之譌，傅讀曰附，謂附於爰書。〔註14〕

張文虎亦云：

《考異》云，傳當爲傅，傅讀曰附，謂附於爰書。案「傳」與下文「欲傳古義」之「傳」同，然舊注已誤矣。〔註15〕

二者皆注「傳」爲「附」之意，則「傳爰書」成了「附爰書」，意指爰書中附以某律來定罪。不過，在尚未「訊鞫、論報」之前，如何定罪，此爲不合訴訟程序之處。又裴駰《集解》云：

張晏曰：傳，考證驗也。爰書自證，不如此言，反受其罪，訊考三日復問之，知與前辭同不也。〔註16〕

張晏以「傳」爲考證爰書之辭的意思，不過張湯「捕得盜鼠，豈煩三日復問」。

〔註10〕見《史記‧張湯傳》，(臺北：商務印書館，1988年，臺六版)，據南宋黃善夫刻本影印，卷百二二，頁1134。

〔註11〕同上註。

〔註12〕見王先謙，《漢書補注‧張湯傳》，(臺北：藝文印書館)，卷五九，頁1222。

〔註13〕見《漢書‧張湯傳》，(臺北：商務印書館，1981年，臺五版)，據宋景祐刻本影印，卷五九，頁744。

〔註14〕見錢大昕，《廿二史考異》，(京都：中文出版社，1980年12月)，卷五，頁90。

〔註15〕見張文虎，《史記集解索隱正義札記‧酷吏列傳》，(臺北：鼎文書局，1978年，初版)，卷五，頁706。

〔註16〕見《史記‧張湯傳》，卷百二二，頁1134。

〔註17〕劉奉世云：

傳者，傳囚辭也。〔註18〕

瀧川龜太郎云：

劉（奉世）說近是。〔註19〕

王先謙云：

傳爰書者，傳囚辭而著之文書也。傳訓爲傳囚辭，本劉說。〔註20〕

此三者以「傳」爲傳囚辭之意，但劉奉世注過於模糊，他並未指明是王先謙所云的「傳囚辭而著之文書」，或是指傳遞囚犯口供所寫成的爰書，若是前者，則似有不妥，因「傳囚辭而著之文書」應是「爰」字的意義。

綜上諸家解釋中，韋昭將「傳爰書」解釋爲傳達爰書之意，此意最爲妥善，但它的目的並非在「使他官考實之」，因所傳之爰書並非「具獄」後的文書，故不須交換他官考實。《史記・張湯列傳》的「傳爰書」，實與出土漢簡中「（謹）移某文書」的意思相同，如居延漢簡 47.6 簡云：

命者縣別課與計偕，謹移應書一編敢言之。

印曰昭武丞印。（圖版頁 46）

漢代文書的傳遞例由郵驛執行，故需註明印名表示並非僞造。又「謹移某文書」一詞爲漢代文書傳遞時的習慣用語，當傳送爰書時亦當使用「移」字，如居延漢簡 10.34 簡云：

元康四年六月丁巳朔庚申，左前候長禹敢言之，謹移戍卒貰賣衣財物爰書名籍一編敢言之。

印曰藺禹。

六月壬戌金關卒延壽以來。候史充國。（圖版頁 68）

簡文中除附寫印名外，更注明由戍卒延壽帶往。又 E.P.T 52：38A 簡云：

□證，謹寫爰書，移謁報酒泉大守府敢言之。（《居延新簡》，頁 230）

知完成爰書之後，必須移往它官。可見居延簡的「（寫）移某文書」，是漢代一般文書傳遞時的固定用語，而爰書也屬文書的一種，因此採用「（寫）移爰書」的形式自屬合理。可是《史記・張湯列傳》的「傳爰書」一詞若與居延

〔註17〕見王先謙，《漢書補注・張湯傳》，卷五九，頁 1222。

〔註18〕轉引自瀧川龜太郎，《史記會注考證・張湯傳》，（臺北：宏業書局，1975 年，再版），卷百二二，頁 1263。

〔註19〕見瀧川龜太郎，《史記會注考證・張湯傳》，卷百二二，頁 1263。

〔註20〕見王先謙，《漢書補注・張湯傳》，卷五九，頁 1222。

漢簡「移爰書」的意思相同，那麼張湯要將盜鼠的爰書移往何處呢？這或許只能說張湯一人扮演四種角色，一為原告，二為追捕盜賊的官吏，三為驗問掠治的官吏，四為訊鞫論報的官員。因此所謂「傳爰書」是指將驗問官吏所寫成的爰書，傳達到論報的官員，或傳達到被告之處。

居延漢簡所見的傳爰書，皆由官府執行，如訴訟案中的被告與原告之間，也藉由官府傳達自證爰書，其原因為官府可藉由傳爰書而獲得兩方之供辭，進而利用被告或原始的自證爰書來進行審訊，如新居延漢簡〈建武三年十二月候粟君所責寇恩事〉一案的審理就是利用這種方式。

該簡冊中文書的傳達地點有三處，一是居延都鄉，二是居延縣廷，三是甲渠候官。簡冊的第一部份——「乙卯爰書」，為都鄉嗇夫宮接到縣廷的「甲渠候書」後，傳訊寇恩爰書驗問所寫成，因此嗇夫宮理應將之傳報縣廷，作為甲渠候書的回覆文書。大庭脩認為簡冊中的「乙卯爰書」、「戊辰爰書」及「辛未文書」是由嗇夫宮把它當作同一份文書一起送往縣廷，〔註 21〕縣廷加上「己卯守丞勝移候官書」之後，再一起送往甲渠候官。不過縣廷轉報「乙卯爰書」至甲渠候官的時間，與簡冊中的其他文書同時嗎？筆者認為「乙卯爰書」應該比簡冊的其他文書較早傳到甲渠候官。原因來自於以下的推測，第一點，簡冊中第一至二○號簡的木簡形式、文字形體與其他部份的並不相同。這二十枚木簡寬度較窄，採單行書寫，簡文連貫，並無空出繩索編冊時所需的空間，疑其為先抄錄完畢再編簡成冊。其次，簡文字體寬大，書寫時筆鋒帶力，以致字體筆畫間較為疏離，似是倉促抄寫所成。因此，可推測「乙卯爰書」是都鄉嗇夫呈報縣廷之後，縣廷即刻抄寫一份送往甲渠候官，這正與居延漢簡所見「寫移」文書的方式相同。再次，出土時這二十枚簡獨自成一束，隱約顯示出這一部份的木簡到達甲渠候官的時間，與其他部份並不相同。居延縣廷先將「乙卯爰書」送至甲渠候官的目的，是因被告寇恩的供辭與粟君所告不符，因此將其轉送候官，讓粟君知道寇恩之供辭內容。

第二點：「辛未文書」第三○號簡云：

> 前言解，廷却書曰：恩辭不與候書相應，疑非實。將候奏記府，願詣鄉爰書是正。

其中「解」字於居延漢簡屢見，如「解何」指如何解釋（181.1A 簡，圖版頁 63；

〔註 21〕見大庭脩撰、林劍鳴等譯，〈居延新出「候粟君所責寇恩事」冊書——爰書考補〉，收入大庭脩著、林劍鳴等譯，《秦漢法制史研究》，頁 536。

231.2 簡，圖版頁 327）、「毋以它爲解」表示沒有其他理由辯解、「謁言解」指謁見上級官吏解釋，（430.4 簡，圖版頁 128）、「前言解」表示前已說明過（71.16 六，圖版頁 169），皆可知「解」一般當解釋、解答及解辯用，而非送、達之意。

「廷却書」一語，有學者將「却」字釋爲「郵」，但裘錫圭以爲居延漢簡「郵」字左旁多作「垂」，不曾寫作「去」，又武威《儀禮》簡的「却」亦作「却」，故此字應釋爲「却」，有退回、拒絕之意。〔註 22〕今從之。因此，第三〇號簡的意思應釋爲：前次呈報「乙卯爰書」作爲解答，但因「不與候書相應」而遭到退回。「不相應」一詞亦見居延漢簡，如 183.1B 簡云：

告肩水候官，候官所移卒責不與都吏□卿所舉籍，不相應，解何？

府記到，遣吏抵校及將軍未知，不將白之。（圖版頁 35）

表示肩水候官所移吏卒債籍與都吏□卿所查不符，因此都尉府以記移候官，要求候官重新校對後上報。故簡冊第三〇號簡所云：「不與候書相應」，已表示都鄉嗇夫曾經將有關本案的爰書送往居延縣廷。簡文又有「今候奏記府」一語，識出粟君早已由居延縣廷送達的文書中，獲知寇恩供辭與自己所告不符，因而再次向都尉府申訴。

大庭脩認爲簡冊中的「乙卯爰書」、「戊辰爰書」及「辛未文書」是作爲一件文書由都鄉轉呈縣廷，並稱這種方式就是「傳爰書」。縣廷收到之後，再加入「己卯守丞勝移候官書」，一同送往甲渠候官，亦即整個簡冊是由居延縣廷一次移往甲渠候官。〔註 23〕大庭脩持這種意見，似乎是認爲「戊辰爰書」

〔註 22〕見裘錫圭，〈新發現的居延漢簡的幾個問題〉，《中國史研究》，1979 年 4 期，頁 105、106。

〔註 23〕見大庭脩撰、林劍鳴等譯，〈居延新出「候粟君所責寇恩事」冊書——爰書考補〉，頁 534、537。大庭脩將〈建武三年十二月候粟君所責寇恩事〉簡冊分爲 A、B、C、D、E 五組，A 爲簡冊第 1 至 20 號簡；B 爲第 21 至 28 號簡；C 爲第 29 至 32 號簡；D 爲第 33 號簡；E 爲第 34、35 號簡。大庭脩於文中又云這個冊書全部是「居延守丞勝論決文書」，是「縣廷移甲渠候官文」。這個結論的後半段是正確的，但前半段似有商榷之處。大庭脩並引徐萍芳〈居延考古的新收穫〉一文的部份結語爲證，徐氏文云：「責寇恩事」冊，如前所述，是居延縣廷寫移給甲渠候官的文。（《文物》，1978 年第 1 期，頁 34）大庭脩認爲徐氏也主張簡冊中的 A、B、C、D 四組是一同由都鄉送往縣廷，再由縣廷加上 E 組而轉呈甲渠候官。但徐氏於文章中已清楚的表示「戊辰爰書」是因粟君不服「乙卯爰書」的判決，再向都尉府申訴，府令更詳驗問治決言，而有戊辰日的第二次驗問寇恩的行動。（頁 28）徐氏作的結語爲：「〈責寇恩事〉冊，如前所述，是居延縣廷寫移給甲渠候官的文。」他的意思應該是說〈責寇恩事〉簡冊都是由居延縣廷寫移給甲渠候官，但並未表示簡冊的「乙卯爰

爲寇恩要求更改「乙卯爰書」之後而寫成的，因簡冊的第二及二一號簡皆云：

滿三日而不更言請者，以辭所出入罪反罪。

而張晏又注「傳爰書」云：

爰書自證，不如此言，反受其罪；訊考三日復問之，知與前辭同不也。〔註 24〕

所以就認爲「戊辰爰書」是寇恩作完「乙卯爰書」之後，再更改供辭而寫成的。但是，第一、告知「滿三日而不更言請者，以辭所出入罪反罪」之律的目的，是在告誡寇恩不得作假口供，且若想更改供辭，必須在三日內主動要求。而這兩份爰書中有關寇恩所供的部份，內容並無出入，且「乙卯」爲初三，「戊辰」爲十六日，皆爲嗇夫宮驗問寇恩的日期，其間已隔十四日，不符合三日內更改供辭的規定。第二、簡冊第二一至二九號簡的寬度，較第一至二○號簡寬，簡文採雙行書寫，（除簡文尾簡）與第三○至三三號簡相同；書寫字體持重、兩列編繩位置一致，不同於第一至二○號簡，推測其應爲嗇夫宮所寫的同一份文書。其出土時亦與第三○至三五號簡同爲一束，可視爲一同送往縣廷而不與「乙卯爰書」同時。

筆者以爲，簡冊中「戊辰爰書」的傳送，應是隨同「辛未文書」由都鄉傳到縣廷，都鄉嗇夫宮之所以再作第二份爰書（即戊辰爰書），是因候粟君不服「乙卯爰書」所載內容，再上告都尉府所致。簡冊第三○號簡云：

前言解，廷卻書曰：恩辭不與候書相應，疑非實。

可見縣廷對「乙卯爰書」的驗問結果感到懷疑，因此退還給都鄉嗇夫。第三○及三一號簡又云：

今候奏記府，願詣鄉爰書是正。府錄：令明處更詳驗問、治決言。

「候奏記府」表示粟君曾上告都尉府，並自願到都鄉爰書自證。都尉府遂下令再次驗問，遂有「戊辰爰書」的產生。都鄉嗇夫宮以「戊辰爰書」及「辛未文書」回覆縣廷的懷疑後，縣廷再補充「己卯守丞勝移候官書」，作爲一份文書一併送往甲渠候官。其中關於「己卯守丞勝移候官書」是由縣廷補充後一起送往甲渠候官的問題，大庭脩已有詳證，於此不再贅言。〔註 25〕

書」是與「戊辰爰書」及「辛未文書」一同送往居延縣廷。

〔註 24〕見《史記‧張湯列傳》，卷百二二，頁 1134。

〔註 25〕見大庭脩撰、林劍鳴等譯，〈居延新出「候粟君所責寇恩事」冊書——爰書考補〉，頁 534 至 537。大庭脩考證漢代公文開頭未見有從月、日開始的，若有這樣的公文簡，則其前面必定有寫著年號的其他文書，與這個文書複合構成

綜觀〈建武三年十二月候粟君所責寇恩事〉簡冊各文書的傳達，雖皆由居延縣廷轉報甲渠候官，但轉呈的時間並不相同，這是隨著都鄉嗇夫呈報縣廷的先後次序所呈現出來的。而且可以確定，簡冊中寇恩的兩份自證爰書，在訴訟案的審理過程中，皆曾傳達到候粟君之所。因此由本案所見的「傳爰書」制度，約可作以下的說明。首先，就傳達的過程而言，爰書不但要傳報受理原告告發的單位，且受理的單位亦需將被告的自證爰書轉送原告知曉，故傳爰書的目的不但在於向官府傳送被告的申辯書，更在於向原告說明其所告之人的供辭。其次，當受理告發的單位向原告移送被告的自證爰書時，通常亦將隨附一份文書，說明轉呈的自證爰書內容摘要，或是對案情的判言，此判言若顯示原告所告不實，亦將命令其爰書自證。

二、以「候官」爲中心的「傳爰書」

從居延漢簡的債務糾紛案所見，當原告或被告無法一同至官府接受審訊時，官府通常藉由傳爰書來取得審理案件所需之口供，如審理〈建武三年十二月候粟君所責寇恩事〉一案的居延縣廷，就以傳送都鄉嗇夫宮驗問寇恩的自證爰書來取得被告的供辭。而債務訴訟案的成立，以債權人「自言」於官府爲開端，次則受理告發的單位傳訊被告驗問，被告若不服，得爰書自證，官府亦須將其自證爰書傳知原告。在此過程中，「候官」也是受理所轄吏卒「自言責（貰賣）」的單位，如居延漢簡 217.5；217.9 簡云：

> 吞遠隧卒夏收，自言責代胡隧長張赦之，赦之買收縑一丈，直錢三

一個文書。如居延漢簡 15.19 簡：

> 永始五年閏月己巳朔丙子，北鄉嗇夫忠敢言之，義成里崔自當，自言爲家私市居延，謹案自當毋官獄征事，得取傳，謁移肩水金關、居延縣索關，敢言之。
>
> 閏月丙子，觻得丞彭，移肩水金關、居延縣索關如律令。╲掾晏、令史建。（圖版頁 101）

簡文前兩行是北鄉嗇夫忠的文書，第三行的閏月部份是觻得縣丞文書。崔自當在到達觻得縣前只持有北鄉文書，在由觻得前往肩水金關、居延索關時，才將兩份文書合併起來，但卻具有一份文書的效力。此份縣丞文書，若沒有前段的北鄉文書，便完全沒意義。所以縣丞文書具有對北鄉文書加以補充的意義，也因此而沒有必要寫年份。同樣的，簡冊中的「己未守丞勝移候官書」也具有對「戊辰爰書」及「辛未文書」加以補充的意義，故不寫年份。但筆者以爲「己卯守丞勝移候官書」的簡文字體異於合併轉呈的其他文書，此或由縣廷官吏所寫。

百六十。（圖版頁 513、519）

此簡記呑遠隧卒控告代胡隧長，二人皆爲甲渠候官的吏卒。E.P.T 51：249 簡云：

第卅二隧卒鄭邑聚里越誼，自言十月中貰賣系絮二枚，直三百，居延昌里徐子放所，已入二□。（《居延漢簡》，頁 195）

此簡記第卅二隧卒告發百姓負債之事，屬於官、民之間的訴訟案，與〈建武三年十二月候粟君所責寇恩事〉一案相同。由這兩簡所見，貸錢的隧卒得「自言」於候官。又 E.P.T 51：8 簡云：

障卒尹賞，●自言責第廿一隧長徐勝之，長襦錢少二千。（《居延新簡》，頁 171）

此簡記甲渠障卒告發隧長之事。E.P.T 51：70 簡云：

司馬令史騰譚，自言責甲渠隊長鮑小叔，負譚食粟三石，今見爲甲渠隊長。（《居延新簡》，頁 176）

此簡記司馬令史控告隧長一事。可見甲渠障的吏卒亦得「自言」於候君。總之，當甲渠障所轄的吏卒發生私人債務糾紛時，可向候官提出控告。

甲渠候官受理告發後，便將控告書傳送被告所屬的官府，如被告亦屬軍事組織的吏卒，則將傳至其所屬之候官，如 58.11 簡云：

不侵守候長成赦之責廣地隊長唅豐錢八百，移廣地候官。●一事一封，八月壬子尉史并封。（圖版頁 201）

不侵部屬甲渠候官，廣地隧屬廣地候官，故知甲渠候官將控告書傳至被告所屬之候官。又若被告爲所屬「部」或「隧」之吏卒，則候官必需再將控告書轉告於「部」中，由候長進行驗問的工作，如 214.34 簡云：

卅井移驩喜隊卒鄭柳等責木中隊長董忠等錢，謂候長建國等。●一事一封，三月辛丑令史护封。（圖版頁 357）

驩喜隧及木中隧皆屬卅井候官，當木中隧長被控負債時，便將其控告書下達所屬之「部」，由候長進行驗問。且被告若暫時不在職務之所，就會將其傳至臨時任職之處，如 E.P.T 51：519 簡云：

□責故卅井廣地隊長妄贛等錢，贛等在居延，移居延驗問▨。（《居延新簡》，頁 213）

被告妄贛等在居延，故將控告書轉送至居延。此外，若被告不是軍事人員而爲一般百姓，則需將控告書傳至所屬之縣廷，如〈建武三年十二月候粟君所責寇恩事〉一案，候粟君「責」寇恩，寇恩屬居延都鄉，居延縣廷遂將控告書送至都鄉。又如 157.17 簡云：

□等，自言責亭長董子游各如牒，移居延。●一事一封，五月戊子尉史彊封。（圖版頁 362）

簡文記被告爲亭長，爲縣所轄，故移「自言書」於居延縣廷。35.4 簡云：

第廿三候長趙㑴，責居延陽里常池馬錢九千五百，移居延，收責重。●一事一封，十一月壬申令史同奏封。（圖版頁 129）

簡文記被告爲居延陽里人，故亦移書於居延縣廷。可見當債務訴訟案中的原告與被告皆爲邊塞的軍吏卒時，則所屬候官就擔任傳送控告書的角色，而當被告爲民間百姓時，則控告書便於候官與縣廷之間傳達。

另外還一種情況，當原告與被告皆屬民政單位管轄，則訴訟案的審理理應由民政機關爲之，但若其中的被告爲邊塞軍吏卒，則亦需藉由軍事組織協助辦理之，如 132.36 簡云：

□巳，官移居延書曰：萬歲里張子君自言責臨之隧長徐□□書由□□□□留□張子君問繒布錢少千八百五十五。（圖版頁 149）

臨之隧屬甲渠候官，故簡文之「官」應指甲渠候官，而萬歲里屬居延縣，故「居延書」當爲居延縣廷所發之控告書。當張子君向居延縣廷「自言責」臨之隧長後，縣廷將其控告書傳至甲渠候官，再由甲渠候官送到臨之隧。

綜上所述，關於居延漢簡所見漢代邊塞官府處理私人債務糾紛案的過程，約可作以下幾點敘述。（1）受理吏卒告發的單位若爲「部」，仍需由「部」將控告書傳達於候官。（2）候官移送催債文書時，以發至被告所屬之候官爲原則，若被告不屬軍事單位，則以發至所屬縣廷爲準。若原告不屬軍事單位，被告屬之，則縣廷亦將控告書發至被告所屬之候官。（3）接獲催債文書之候官，若無法就近審訊被告，需再將催債文書下達被告所屬之「部」。在縣廷亦是如此，縣廷將再下達至被告所屬之鄉。故知漢代邊塞組織中的候官已成爲傳發所屬吏卒控告書，及受理其他候官或縣廷所移控告書之重要單位，此或因候官與縣廷同爲最基層的司法機關所致。〔註 26〕

爰書既與訴訟案相關，故亦需藉由候官傳達，如 10.34A、B 簡云：

元康四年六月丁巳朔庚申，左前候長禹敢言之，謹移戍卒貰賣衣財物爰書、名籍一編敢言之。

〔註 26〕見勞榦，〈從漢簡中的嗇夫令史候史和士吏論漢代郡縣吏的職務和地位〉，《中央研究院歷史語言研究所集刊》，第五十五本第一分，頁 9。

編敢言之。

印曰：蘭禹

六月壬戌金關卒延壽以來。候史充國。（圖版頁67、68）

此簡出土於A33，據推測A33爲漢代之肩水候官，〔註27〕故知左前候長移「戍卒貰賣衣財物爰書」至肩水候官，此爲「部」移爰書於候官之證。又新居延漢簡〈失鼓冊〉中的爰書及E.P.T 51：228簡「臨木候長憲」所移之爰書，皆爲「部」移向候官的爰書。〔註28〕另外，E.P.T 56：228A、B簡云：

神爵二年五月乙巳朔乙巳，甲渠候官尉史勝之謹移□衣錢財物及毋責爰書一編敢言之。

印曰：尉史勝之印

五月乙巳尉史勝之以來。（《居延新簡》，頁326）

簡文之「毋責」應爲「衣錢財物毋責」的省文。此簡亦爲傳爰書於甲渠候官之例。而E.P.C 39簡之「甲渠守候塞尉二人」所移之爰書，則屬於候官組織內的傳爰書。〔註29〕可見，爰書的傳達得行之於候官轄區之內，且障候以下的官吏，依規定必須將爰書移向候官。此外，候官之間的如何傳爰書呢？新居延漢簡E.P.T 51：25簡云：

殄北候令史登不服負臨木候長憲錢，謂臨木候長憲。●一事集封。

四月己卯尉史彊奏封。（《居延新簡》，頁172）

臨木部屬甲渠候官，故此簡當爲甲渠候官移往臨木部的文書。由簡文「殄北候令史登不服負臨木候長憲錢」一句得知，憲曾「自言責」殄北候令史登，但登不服指控並爰書自證，故甲渠尉史彊奏封此書以告知候長憲。由此可見，候官亦是其他候官移送爰書的接收單位。又259.1簡云：

徙王禁責誠北候長東門輔錢，不服，移自證爰書，會月十日。●一事一封，四月癸亥尉史同奏封。（圖版頁349）

城北候長東門輔不服王禁「自言責」一事，乃爰書自證，故尉史同製發其自證爰書並移往王禁所屬的候官（或縣廷），可見候官亦擔任製發自證爰書並傳送到其他候官的責任。漢代邊塞組織中的候官，不但爲其下屬官吏上報私人

〔註27〕見陳夢家，〈漢簡考述〉，收入中國社會科學院考古研究所編輯，氏著《漢簡綴述》，（北京：中華書局，1980年），頁19。

〔註28〕新居延漢簡〈失鼓冊〉中的爰書，可參見本書第二章。E.P.T 51：228簡所記爰書，可參見本書第三章。

〔註29〕新居延漢簡E.P.C：39簡所記，可參見本書第三章。

債務訴訟案之自證爰書的單位，亦為製發所屬官吏或接收其他候官之自證爰書的單位。或許，自證爰書匯集於候官的原因，乃候官為訴訟案的司法審理機關所致。

綜上所論，可得兩點小結，第一、訴訟案中的自證爰書，不但需回報原告的告發單位，亦需轉知原告，使其明瞭被告不服之辭。第二、漢代邊塞軍事組織中的候官，扮演傳爰書的重要角色，它是候官內各部及隧所移爰書的匯集點，亦是邊塞的地方軍事組織間，爰書傳遞的中心點，此乃因候官為司法機關，而自證爰書是被告的口供證據，故當候官官吏審理案件時，必需藉由自證爰書的傳達來取得被告的口供證據。

第三節　劾狀的產生

《史記・張湯列傳》記張湯審理鼠盜案的訴訟程序為「掘薰得鼠及餘肉（追捕罪犯及搜查犯罪證據），劾鼠掠治（提出控告書及驗問罪犯），傳爰書（傳送被告的自證爰書），訊鞫論報（詰問爰書內容及判罪），并取鼠與肉，具獄磔堂下（執行刑罰）」。〔註30〕可知在「傳爰書」之前為「劾鼠掠治」，《說文解字》第一三下，「力」部云：「劾，法有罪也」，沈家本《漢律摭遺》，卷六，囚律劾條云：「劾，是為人所劾。」〔註31〕又本書前論爰書中的告發方式有五種，此五種方式的本意皆在舉發罪人，亦就是「劾」之意。

居延漢簡所見官府處理債務糾紛案的過程中，當某甲向官府「自言責」某乙後，受理告發的官府就將「自言書」移往某乙所屬的官府，並要求其協助處理，因此若以訴訟程序的過程來看「自言書」的角色，那麼它應該是一件訴訟案的開端，亦即可視為某人的控告書。

一、劾狀的角色

當官吏接獲控告書，將採取兩項步驟，一是調查被告的身分背景資料；二是審訊被告的犯罪過程。睡虎地秦簡〈封診式・有鞫〉條云：

有鞫　敢言某縣主：男子某有鞫，辭曰：「士五（伍），居某里。」

〔註30〕見《史記・張湯列傳》，卷百二二，頁1134。又王先謙，《漢書補注・張湯傳》，卷五九，頁1222。簡述其訴訟程序為：「文辭劾一也，爰書二也，論報三也」。

〔註31〕見沈家本，《漢律摭遺》，收入氏著《沈寄簃先生遺書》，（北京：中國書店，1990年），卷六，頁625。

可定名事里，所坐論云可（何），可（何）罪赦，或覆問毋（無）有，遣識者以律封守，當騰，騰皆為報，敢告主。〔註 32〕

某甲有罪而被官府逮捕，通常需查出此人的姓名、爵位、籍貫，以及曾經犯過哪些罪行，被判過哪種刑罰或經過赦免與否，並需派遣瞭解情況之人，前往查封、看守罪犯的家產。〈封診式・覆〉條又記某甲逃亡名籍，官府受理此案而進行調查罪犯的「名事里，所坐論云可（何），可（何）罪赦」，並「覆問毋（無）有，幾籍亡，亡及逋事各幾可（何）日」等與案件相關的資料。〔註 33〕這種調查工作的目的，是在瞭解被告的身分背景及其以往的守法狀況，以利案件的審訊。《急就篇》亦云：「籍受證驗記問年」，顏師古注曰：

記問年者，具為書記，抵其本屬，問年齒也。幼少老耄，科罪不同。

知後漢占署名籍時仍須作個人的身家調查。

調查之後，官史需依控告書驗問被告。《後漢書・章帝紀》云：

律云：掠者唯得榜、笞、立。〔註 34〕

倉頡篇云：「掠，問也」，其「問」即驗問之意。又〈封診式・治獄〉條云：

治獄，能以書從亦其言，毋治（笞）諒（掠）而得人請（情）為上；治（笞）諒（掠）為下；有恐為敗。〔註 35〕

此為要求官吏審理案件時需遵守的總原則，因治獄貴在獲得眞實案情，以威嚇手段逼供，實為不智之舉。驗問被告時，亦需秉持某些原則，〈封診式・訊獄〉條云：

訊獄　凡訊獄，必先盡聽其言而書之，各展其辭，雖智（知）其訑，勿庸輒詰。其辭已盡書而毋（無）解，乃以詰者詰之。詰之有（又）盡聽書其解辭，有（又）視其它毋（無）解者以復詰之。詰之極而數訑，更言不服，其律當治（笞）諒（掠）者，乃治（笞）諒（掠）。〔註 36〕

驗問被告時需先由被告陳述己辭，官吏再針對懷疑之處進行詰問，經多次詰問仍然不服而更改供辭，則可依律笞掠之。〈治獄〉及〈訊獄〉二條所云皆為

〔註 32〕見《睡虎地秦墓竹簡》，〈封診式・有鞫〉，第 6、7 號簡，圖版頁 69，釋文頁 148。

〔註 33〕同上註，〈封診式・覆〉，第 13、14 號簡，圖版頁 70，釋文頁 150。

〔註 34〕見《後漢書・章帝紀》，卷三，頁 74。

〔註 35〕見《睡虎地秦墓竹簡》，〈封診式・治獄〉，第 1 號簡，圖版頁 69，釋文頁 147。

〔註 36〕同上註，〈封診式・訊獄〉，第 2 至 5 號簡，圖版頁 69，釋文頁 148。

官吏審訊被告時之法律規定，且是用於被告到官府說明案情的情況下使用。

由漢簡中自證爰書的傳達可知，若被告不服指控，可依程序提出爰書以自證，這類自證爰書的內容爲被告的口供紀錄，如〈建武三年十二月候粟君所責寇恩事〉簡冊中兩份自證爰書皆爲寇恩的供辭，這種記載被告供辭的爰書內容，是官吏審理案件時的重要依據。不過從〈奏讞書〉的案例所見，被告的申辯辭並未獨自寫成一篇自證爰書，而是融入具獄文書之中，如〈奏讞書〉第一個案例云：

（1）（漢高祖）十一年八月甲申朔己丑，夷道介、丞嘉敢讞之。六月戊子發弩九詣男子毋憂，告爲都尉屯，已受致書，

（2）行未到，去亡。・毋憂曰：變（蠻）夷大男子，歲出五十六錢以當繇賦，不當爲屯，尉窯遣毋憂爲屯，行未到，

（3）去亡。它如九。窯曰：南郡尉發屯有令，變（蠻）夷律不曰勿令爲屯，即遣之，不智（知）亡故，它如毋憂。・

（4）詰毋憂：律，變（蠻）男子歲出賨錢，以當繇賦，非曰勿令爲屯也，窯已遣，毋憂

（5）即屯卒，已去亡，何解？毋憂曰：有君長歲出賨錢，以當賦繇賦，即復也，存吏，毋解。・問，如辭。・鞫之：

（6）毋憂變（蠻）夷大男子，歲出賨錢，以當繇賦，窯遣爲屯，去亡，得，皆審。・疑毋憂罪，它縣論，敢讞

（7）之，謁報，署獄史曹發。・吏當：毋憂當要（腰）斬，或曰不當論。廷報：當要（腰）斬。〔註37〕

此爲漢高祖十一年（前196）八月六日夷道令介及丞嘉上讞廷尉的案件，內容記該年六月四日，名爲九的發弩官吏逮捕蠻夷男子名爲毋憂者至官，控告其被徵召爲屯，卻未到屯所而逃亡。從案件的審理過程可知，毋憂曾爲自己提出辯解，他以爲每年繳納五十六錢之後，便可不須爲屯。驗問的官吏曾向尉窯求證，窯以蠻夷律並未規定不須爲屯，故遣之，因此官吏針對毋憂的辯解詰問之，並確定歲出五十六錢乃作爲徭賦之用，並非不爲屯之代價。毋憂再次申辯，以其曾見君長歲出賨錢而省其屯役，經官吏查證後，亦確證此事。然而，毋憂的辯解最終無效，廷尉仍論以腰斬之刑。

〔註37〕見江陵張家山漢簡整理小組，〈江陵張家山漢簡「奏讞書」釋文〉（一），《文物》，1993年第8期，頁22。

由這個案例所見，毋憂被逮捕至官府，雖曾爲自己申辯，但其文辭卻不以單篇文書出現，而只是案例內容中的一部份而已。此案之內容中，首先記錄發弩九控告毋憂之辭，這段內容可視爲發弩九的控告書，亦爲前論告發方式中的「官告」。接下來記錄的是毋憂的申辯辭，此段可視爲毋憂的自證爰書，不過案例中所記的只是摘要之辭而已。當毋憂爰書自證之後，官吏對其自證內容提出詰問，此程序就如張晏注《史記・張湯列傳》「傳爰書」一詞所云：

爰書自證，……，訊考三日復問之，知與前辭同不也。〔註 38〕

被告爰書自證後，官吏訊考其辭，並與被告展開論辯問罪的過程，針對自證爰書的疑點詰問被告，詰問時，通常以「何解」一詞爲結束語。詰問的過程持續進行，直到被告認罪或案情明朗，這與〈封診式・訊獄〉條所記之原則相同。就「詰」這個階段而言，通常以被告「毋解」來表示詰問程序的結束。

當詰問過程結束後，官吏總結審訊結果，並對案情下判言。漢代官吏治獄時稱這項程序爲「鞫」，《爾雅・釋言》曰：「鞫，窮也」，因此「鞫」就表示被告已辭窮而無法再申辯之意。既已無辭申辯，就需進入論刑階段，漢代稱論刑爲「報」，如毋憂雖爲自己申辯，但廷尉認爲理由不正當，故「報」以腰斬之刑。另外，除以「報」字表示論刑，又有「當」一字，如〈奏讞書〉第一個案例云：「史當：毋憂當要（腰）斬，或曰不當論」，其中「史」指獄史，故「史當」表示獄史論報之意。《漢書・郭解傳》亦云：

解布衣爲任俠行權，以睚眥殺人，解不知此罪甚於解，知，殺之，當大逆無道。〔註 39〕

顏師古注「當」曰：「謂處斷其罪」，是知「當」亦爲斷罪之意。

在訴訟程序中，「罪狀」似乎表示爲控告書，它是官吏開始案驗的依據。《後漢書・寇恂傳》云：

臣遇罰以來，三赦再贖，無驗之罪足以蠲除。〔註 40〕

章懷太子賢注曰：「無驗，謂無罪狀可案驗也」，則驗問之根本在於罪狀。《後漢書・宋弘傳》云：

弘在位五年，坐考上黨太守，無所據，免歸第。〔註 41〕

〔註 38〕見《史記・張湯列傳》，卷百二二，頁 1134。
〔註 39〕見《漢書・郭解傳》，卷六二，頁 1114。
〔註 40〕見《後漢書・寇恂傳》，列傳卷六，頁 276。
〔註 41〕同上註，列傳卷一六，頁 404。

注曰：「無所據，無罪狀可據」，則無罪狀便無法論罪。可見訴訟案的審理必需先有罪狀爲根據。《後漢書・和帝紀》云：

> 惟官人不得於上，黎民不安於下，有司不念寬和而競爲苛刻，覆案不急以防民事。〔註 42〕

王先謙《集解》曰：「惠棟曰：漢律四篇有告、劾、傳、覆。告，爲人所告也；劾，爲人所劾也；傳，傳捕；覆，覆案也。」〔註 43〕知所記的訴訟程序爲：提出控告，逮捕罪犯，驗問罪犯，可見控告書是訴訟過程中出現的第一種文書。

以〈建武三年十二月候粟君所責寇恩事〉一案爲例，都鄉嗇夫宮接獲的「甲渠候書」可視爲此案的控告書，亦是此案的第一種文書，而寇恩的自證爰書就成爲第二種文書。經過被告爰書自證及詰問其自證內容後，遂到達鞫、報的階段，同時也表示訴訟案件的審理已接近尾聲。漢代稱獄案已成爲「文備具也」，〔註 44〕在訴訟案的審理過程中，「劾狀」的出現可代表案件的審理已經完畢，即「具獄」也。

破城子六八號探方出土的新居延漢簡中，有數件劾狀簡冊，這些劾狀的內容雖然呈現多樣性，但它的格式卻表現出一致性，其中 E.P.T 68：1-12 號簡所記的劾狀爲：

> 建武五年五月乙亥朔丁丑，主官令史譚敢言之，
> 謹移劾狀一編敢言之。
> 五月丁丑甲渠守候博移居延，寫移如律令。／掾譚
> 甲渠塞百石士吏，居延安國里，公乘馮匡，年卅二歲。始建國天鳳上
> 戊六年
> 三月己亥除署第四部，病欬短氣，主亭隧七所厗呼。
> 七月□□除署第四〔十〕部士吏，□匡軟弱不任吏職，以令斥免。
> 建武五年五月乙亥朔丁丑，主官令史譚劾移
> 居延獄，以律令從事。
> ●狀辭：公乘居延鞮汗里，年卌九歲，姓夏候氏爲甲渠
> 候官斗食令史，署主官，以主領吏備盜賊爲職；士吏馮匡

〔註 42〕見《後漢書・和帝紀》，卷四，頁 87。
〔註 43〕見王先謙，《後漢書集解・和帝紀》，卷四，頁 90。
〔註 44〕見《漢書・于定國傳》，卷七一，頁 883。其云：「乃抱其具獄哭於府上。」顏師古注曰：「具獄者，獄案已成，其文備具也。」

始建國天鳳上戊六年七月壬辰除署第十部士吏。案匡

軟弱不任吏職，以令斥免。〔註45〕

馮匡任第十部士吏，但卻「病欬短氣」，且「主亭隧七所咋呼」，被劾以「軟弱不任吏職」，即無法勝任己職之罪，故令史譚移劾狀以斥免之。居延漢簡231.29簡云：

貧急，軟弱不任職，請斥免，可補者名如牒書□。(圖版頁284)

此亦記軟弱不任職的罪名而要求斥免官吏。「不勝任」之罪名也出現於文獻中，如《漢書・武帝紀》(卷六，頁52)及〈尹賞傳〉(卷九○，頁1105)皆記此罪名。

新居延漢簡E.P.F 22：250至253簡又云：

建武五年四月丙午朔癸酉，甲渠守候謂第十四(E.P.F 22：250A)

隧長孝，書到，聽書從事如律令(E.P.F 22：251)

第十士吏馮匡　令斥免(E.P.F 22：253)

第十四隊長李孝　今調守第十守士吏(E.P.F 22：252)〔註46〕

據刑義田先生推測，此四簡實與上述馮匡劾狀簡所記同屬一個案件。〔註47〕劾狀簡中記「主官令史譚」於建武五年五月三日將劾狀移往甲渠候官，同日守候博也將劾狀送往居延縣廷，但從這四簡可知，甲渠守候早在四月二十八日就以文書命令第十四隧隧長李孝，調守馮匡之職，可見新吏的任命書出現於斥免舊吏的劾狀之前，表示守候已對馮匡一案進行裁決了。

然而，何以守候會以文書命令斥免馮匡呢？其必定是主官令史譚曾告發馮匡不勝任，又經驗問馮匡「辭服」之後，始以令斥免之，驗問馮匡的日期正在令史譚告發此案之後，至五月三日將劾狀移送甲渠候官之間。因此從本案來看，甲渠守候將劾狀移往居延縣廷的目的，並不是想將本案交付其審理，而是要作爲本身處理此案的說明文書。因此，劾狀的角色是作爲記錄訴訟案件審理結果的文書，目的在表示此案已審判終結，即「具獄」之意，因此馮匡若不服結果，就需以「乞鞫」的方式要求重審。

〔註45〕所引E.P.F. 68：1至12簡，釋文見《居延新簡》，頁456。

〔註46〕所引E.P.F. 22探方出土漢簡，釋文見《居延新簡》，頁493。

〔註47〕參見邢義田，〈從居延漢簡看漢代軍隊的若干人事制度——讀《居延新簡》札記之一——〉，《新史學》，三卷1期，(1992年3月)，頁96至104。

二、劾狀的內容

劾狀的出現表示訴訟案已經完成審理，因此在劾狀的撰寫上，必須有特定之格式，以呈現訴訟案之內容與審理過程。破城子第六八號探方出土的漢代劾狀簡，簡文所記遭劾者皆爲甲渠候官或候官所轄之官吏，所劾之事亦多與邊塞防衛有關。劾狀內容的記錄包括特定的項目，與控告書及自證爰書不同。若以居延漢簡爲例，則劾狀內容大概有以下幾個項目：

第一、被劾者的身份資料。此爲首需具備之部分。新居延漢簡 E.P.T 67：34 簡云：

> ●狀辭皆曰：名爵、縣里、年姓、官祿各如律，皆▨。(《居延新簡》，頁 458)

可知需註明爵位，此乃因漢代司法有達到一定爵位得以抵罪的規定，故不可遺漏；而寫出官位及祿秩，則因漢代官吏凡達一定官秩，有罪者必需「上請」或「先請」，這也是對被劾者的保障權利之一。另外，還需寫出被劾者的居住地、年齡及姓名，此則爲一般訴訟文書的通例，目的在確定被劾者是否已占著名籍。其實例 E.P.F 22：355 簡云：

> ●狀辭曰：公乘、居延廣地里、年卅二歲、姓孫氏，建武六年正月中除爲甲渠城北候長，以通藨火迹。(《居延新簡》，頁 500)

此劾狀記錄被劾者之身分資料頗爲完備，其中公乘爲漢代的第八等爵，是一般民爵的最高上限；〔註 48〕候長則比於嗇夫。〔註 49〕又居延漢簡 20.6 簡云：

> 劾狀辭曰：公乘、日勒益壽里、年卅歲、姓孫氏，乃元康三年七月戊午以功次遷爲。(圖版頁 33)

此簡簡文未完，不知孫氏以功遷爲何官。另外，日勒縣與居延縣同屬張掖郡。此二簡皆劾狀紀錄被劾者身分資料之例。破城子六八號探方出土的漢代劾狀簡，內容開頭皆如此類。

第二、被劾原因。既遭人劾，則必有因，此探方出土之劾狀簡，內容多以違反邊塞防衛規定爲主，如建武五年五月三日令史譚所移劾狀，爲劾馮匡主亭隧七所庳呼。〔註 50〕同年九月十日，令史立所移劾狀，則以第四守候長

〔註 48〕參見西嶋定生著、黃耀能譯，《白話秦漢史（秦漢帝國的興衰）》，(臺北：文史哲出版社，1983 年)，頁 92。

〔註 49〕見勞榦，〈從漢簡中的嗇夫令史候史和士吏論漢代郡縣吏的職務和地位〉，《中央研究院歷史語言研究所集刊》，第五十五本第一分，頁 9。

〔註 50〕見 E.P.F. 68：1 至 12 簡，釋文見《居延新簡》，頁 456。

原憲盜官物、越天田之故。〔註 51〕十二月十九日，令史某劾褒之故，則因褒「不如品約」。〔註 52〕另有十二月二十五日甲渠第十候長所移劾狀，記官吏互擊，賊傷對方之舉動，是為刑事案件。〔註 53〕劾狀既做為居延縣廷證明之用，故理應將案件發生的原因陳述清楚，以供縣廷查證。

歸納劾狀內容，另知被劾者皆為較下級官吏，原因多是無法勝任己職或執行不力，因此告劾者皆為其長官。

第三、被劾者的罪行及交付劾狀。劾狀內容也記錄被劾者的犯罪過程及其供辭，如 E.P.T 68：34 至 40 簡所記建武六年四月二十一日，甲渠候長昌林所移劾越良狀云：

> ●狀辭皆曰：名爵、縣里、年姓、官錄各如律皆□
> 候備盜賊、寇虜為職，迺丁亥新占民，居延臨仁里
> 越良蘭越塞，驗問良，辭曰：今月十八日毋所食之居延博望亭
> 部采胡，于其莫日入後，欲還歸邑中，夜行迷河河，
> 蘭越甲渠却適隧北塞天田出。案：良蘭
> 越塞天田出入；以此知而劾，無長吏使，劾者狀具
> 此。〔註 54〕

狀辭先敘述良的身分資料以及被劾的罪行，再陳述其供辭，供辭中約略敘述了良的犯罪原因及其過程，最後以「案：良蘭越塞天田出入」歸結其罪行。劾狀中所論「越塞天田出入」之罪，乃驗問越良並經其認罪後才定罪的。

由此探方出土的劾狀簡得知，劾狀都要移往「居延獄」，如 E.P.T 68：29 至 33 簡云：

> 建武六年四月己巳朔戊子，甲渠守候長昌林
> 敢言之，謹移劾狀一編敢言之。
> 建武六年四月己巳朔己丑，甲渠候長昌林劾將
> 良詣居延獄，以律令從事。
> 四月己丑，甲渠守候移居延，寫移如律令。〔註 55〕

因甲渠守候長昌林移劾狀一編之故，故須將此編劾狀移往「居延獄」。「居延

〔註 51〕見 E.P.F. 68：13 至 28 簡，釋文見《居延新簡》，頁 456、457。
〔註 52〕見 E.P.F. 68：81 至 92 簡，釋文見《居延新簡》，頁 460。
〔註 53〕見 E.P.F. 68：179 至 193 簡，釋文見《居延新簡》，頁 465。
〔註 54〕所引 E.P.F. 68：34 至 40 簡，釋文見《居延新簡》，頁 458。
〔註 55〕所引 E.P.F 68：29 至 33 簡，釋文見《居延新簡》，頁 457、458。

獄」何指呢？居延漢簡中省名爲「居延」之政府單位有「居延候官」、「居延都尉府」及「居延縣」三處，其中，若將劾狀移往居延候官似不成道理，因甲渠候官與居延爲同一等級之軍事單位，又居延漢簡稱都尉府者，有以「府」稱之，因此若屬都尉府之獄，則應稱爲「居延府獄」，而漢代資料所見，通常獄名之前所加者爲縣名，如居延漢簡 10.11 簡云：

> 元康二年九月丁酉朔庚申，肩水候長長生敢言之，謹寫移唯官移昭武獄敢言之。（圖版頁 13）

昭武縣屬張掖郡。敦煌漢簡 995 簡云：

> ●千秋隧長長安謹劾移亡卒得，寫移龍勒獄以律從事敢言之。（圖版頁 92）

龍勒縣屬敦煌郡。《後漢書・桓曄傳》亦云：

> 越人化其節，至閭里不爭訟，爲凶人所誣，遂死合浦獄。（卷三七，頁 565）

合浦縣屬合浦郡。故知獄名皆以縣名稱之，故「居延獄」應爲居延縣獄，而劾狀則由甲渠候官送往此獄交付執行。

居延漢簡 317.21 簡云：

> 候長王彊、王霸坐毋辨護，不勝任，免，移名府。●一事集封。八月丙申掾彊封。（圖版頁 328）

此簡亦記斥免官吏之事，與前述馮匡劾狀簡相同。候長王彊及王霸皆因「不勝任」遭到斥免，但甲渠候掾卻將此份文書呈報太守府，而不移往居延獄。然而，此文書並非劾狀，而是發向太守府以報告斥免二人之事的文書。因此，當甲渠守候博斥免馮匡後，亦應以此類文書向太守府報告。可見，當障候斥免官吏，皆需呈報上級知曉，但移送劾狀至居延獄的主要目的，卻是在移交具獄文書，從這種移交過程也可推測，漢代邊塞軍事組織之訴訟案審理完畢後，必需將具獄文書移往民政單位。

總之，此探方出土的劾狀簡，內容至少包括上述三項，由其特定的書寫內容顯示，劾狀爲訴訟案審理完畢之後的具獄文書，因此在記載的方式上必需具備特定的項目。

第七章　結　論

「爰書」一詞，於文獻中首見於《史記·張湯列傳》，（《漢書·張湯傳》也同樣出現），但從司馬遷記載張湯審理鼠盜一案中，僅見「爰書」之名，不見其內容，司馬遷雖將訴訟程序逐一寫出，但只是說出訴訟程序的過程，對於每一個過程的詳細情況，並未多做說明。其中「傳爰書」這個程序，出現在「劾鼠掠治」之後，所謂「劾」者，指有罪而遭人所劾，「掠」者，驗問之意也，故「傳爰書」的過程是指官吏受理告發並驗問被告之後，被告提出申辯，官吏將此申辯之辭撰成爰書，而移送到原告的控告官府，甚至直接給原告之意。此外，爰書的意義，依蘇林及顏師古解釋，意指代換口詞的文書，但所謂「口詞」究竟指訴訟案中何人之詞呢？蘇林、顏師古及王先謙都認爲是囚犯之詞，不過，所謂的囚犯，一般會指訴訟案中的被告，可是由出土簡牘的爰書來看，可知作爲訴訟案中被告之申辯書，即居延漢簡所見之自證爰書，其內容不僅限於被告之詞。若綜合出土簡牘的爰書內容，可得自證爰書記有以下幾項內容：（1）官吏告知爰書驗問者律令；（2）爰書驗問者的供辭；（3）驗問官吏的決言；（4）以「皆證，它如爰書」爲結語。所以，自證爰書是以記錄驗問過程及結果爲主要內容。

再就睡虎地秦簡〈封診式〉而言，其各條案例所記雖都與訴訟案件相關，且爰書內容亦記有囚辭，但是大部分的爰書內容卻記載官吏調查案情的報告。因此，蘇林及顏師古將代口詞之書稱爲爰書，實則所代者不限於被告供辭，凡與訴訟案件相關的官吏調查報告，亦包括在內。總之，《史記·張湯列傳》所記鼠盜案中的爰書，是指訴訟程序中被告之申辯書，而〈封診式〉中的爰書，則有官吏上報的案情調查文書，因此，爰書的意義隨著簡牘的出土而逐漸擴大了。

就訴訟案件方面而論，爰書的性質可分爲兩類，一是申辯性質的爰書，自證爰書即是。雖然它的主要內容記錄了被告的供辭，但如居延漢簡所見，實際內容含有「證（告）」及「辨告」律令的程序，它的主要目的在告知爰書自證者觸犯何罪，及爰書自證時需注意的律令。自證爰書包含告知律令的內容，目的在表示所載的供辭是經過法律程序認可的，因此自證爰書就具備「被告之申辯書」的角色。

另一種性質的爰書，是指官吏調查案情的報告書。此類爰書作爲官吏上報說明某事之用，如〈封診式・封守〉條中的爰書，是鄉中官吏回覆縣丞要求查封「有鞫」者家產的文書，另外〈賊死〉、〈經死〉、〈穴盜〉及〈出子〉四條的爰書中，也都有下級官吏以爰書上報案情調查結果的內容。此類上報說明某事的爰書中，自然不帶有申辯之意味。以「爰書」向上級報告相關案情之規定，見於〈封診式・訊獄〉條，〈訊獄〉規定官吏審訊被告及記錄口供時必需遵守某些程序，首先要聽完口供並記錄之，使受訊者能暢言所供，雖明知其欺騙，亦不即刻詰問，待供辭已記錄完畢，再質詢可疑之處，並聽其答辯而記錄之，直到犯人辭窮之時，以其多次欺騙，且擅改供辭，依法可笞打之。此爲不得已而行之，故官吏須以「爰書」報告笞打原因。〔註1〕

再從居延漢簡來看，目前所見的爰書內容，已可劃分爲七種，一是含有告知律令者，二是證明與訴訟案件相關者，三是證明秋射成績者，四是證明貰賣衣財物與否者，五是證明吏卒、驛馬疾病或死亡者，六是報告殺略事件者，七是報告斥免或調任官吏者。進一步而言，若爰書名稱的由來是依照內容來判定的話，則居延漢簡所見的五種爰書名稱，都能找出與其名稱相符的內容，這五種分別是一、自證爰書，二、相牽證任爰書；三、秋射爰書，四、貰賣衣財物爰書，五、吏卒疾病、死亡或驛馬死亡爰書。不過其他兩種並未見到專有的名稱，筆者暫依其內容而名之爲「毆殺爰書」與「斥免或調任官吏爰書」。

綜合出土簡牘資料，可知居延漢簡的爰書內容，較〈封診式〉所見者更爲多樣化，且不限於訴訟案件之事，在爰書的性質上亦非專爲申辯之用。故

〔註1〕見睡虎地秦墓竹簡整理小組編，《睡虎地秦墓竹簡》，（北京：文物出版社，1990年，第一版），〈封診式・訊獄〉，圖版頁69。簡文云：「……治（笞）諒（掠）之必書曰：爰書：以某數更言，毋（無）解辭，治（笞）訊某。」

陳祚龍先生言：

> 就在已往於居延發現的漢代簡牘之中，除已見有這兩類主要關於訴訟爰書外，（指「口供的記錄」與「自出的辯書」，案：實則皆可稱爲「自證爰書」）尚有一些實際只係用以證明某種事情，但毫無訴訟意味的爰書。譬如：秋射爰書、吏卒、驛馬病、死爰書，申告兵烽火、殺略等情之爰書。〔註2〕

陳氏亦主張居延漢簡所見之爰書，並非皆能視爲訴訟程序及訴訟案件中使用的爰書，其功能亦非專爲申辯之用，而有作爲證明某事的文書。其中，「自證爰書」是訴訟案中被告不服指控，爰書自證後產生的申辯書。而不關訴訟案件者如「秋射爰書」，爲不服賜、奪勞之受試者，「自言」於候官後，由候官署其中帣矢數于牒，再製發上報的爰書。其性質雖有申辯意味，卻更有證明文書的意味。又如「吏卒疾病、死爰書」，爲下級上報吏卒疾病或死亡的文書，爲說明吏卒疾病或死亡的爰書。「驛馬病、死爰書」亦爲此類用意，但仍帶有證明之意。「斥免官吏爰書」則是向上級報告斥免官吏的原因及過程，亦爲上報之說明文書。這些爰書都不關訴訟之事，而只爲證明或說明某事情之文書。

「爰書」既然使用於訴訟程序之中，因此透過訴訟程序的理解，有助於瞭解爰書的功用。訴訟案件中，告發是成立案件的首要條件，由睡虎地秦簡所見之告發方式有不同種類，控告時也有條件限制，不過官府在受理告發後會展開審理的程序。因某些因素而導致不同的審訊過程，第一種情況，當原告與被告都到官府受訊，官吏驗問被告後，被告若承認所告之事，則就此判決，若以爲所告不實，官吏將進行交互審訊及尋求證人或證物以考訊雙方，直到案情明朗，如〈奏讞書〉所見下級官吏上讞的案例中，通常將審理案件的全部文書一起上報，包括原告之控告、被告之供辭、證人之供辭、詰問被告之辭，待官吏不再對供辭有所懷疑，始歸納審訊結果並論罪。〔註3〕此種情況下，「傳爰書」的階段發生在官吏驗問被告後，但在以案情「詰問」被告之前。

〔註 2〕見陳祚龍，〈關於居延甲渠粟發與「客民」寇恩之辯訟及其「具獄」文書——雲樓校讀新近「出土」的簡牘札記之一——〉，《簡牘學報》，第 11 期，（1985 年），頁 20。

〔註 3〕見江陵張家山漢簡整理小組，〈江陵張家山漢簡《奏讞書》釋文〉（一），《文物》，1993 年第 8 期，頁 22 至 25。歸納其審訊程序爲：官吏先聽取被告陳述，若有相關證人亦傳訊至官解釋案情，再依所得案情詰問可疑之處，此階段通常以「何解」一詞結束，被告需針對詰問之點回答，待供辭中之疑處皆已澄清，再「問」未交代之事，通常爲名、事、里之事。

另外一種情況是原告與被告無法同時到官府接受審訊，例如居延漢簡所見之債務糾紛，因債權與債務人之居住地相距甚遠，或其中一方爲戍卒無法離職，或債務關係發生後而移居及任調他官，〔註4〕因此需藉由官府協助催討債務。此種情況下，被告的供辭多以爰書的形式在官府間傳達，官府亦藉由傳達原告控告書與被告申辯書的過程來完成案件的審理。在傳送的過程中，原告之控告書與被告的自證爰書，不但要呈交官府作爲審理案件時的口供證據，亦需轉報於訴訟案件的雙方當事人，使其明瞭對方的訴辭與供辭，如〈建武三年十二月候粟君所責寇恩事〉簡冊中的爰書，不但要由居延都鄉上報縣廷，更需由縣廷轉報甲渠候官，即粟君任職之所。

以「候官」爲中心之傳爰書所見，知漢代邊塞軍事組織中的「候官」，不論在其接獲本轄區戍卒或其他候官送達之「自言書」後，通常會下達至被告所屬之「部」，由候長進行驗問及調查工作，候長驗問後需將結果呈報候官。又若訴訟案中之原告與被告皆在同一候官所轄單位中，則被告之自證爰書需由「部」傳至候官，若非屬同一候官之中，則被告之自證爰書需再由本候官傳到原告所屬之候官。若是牽涉軍民之間的訴訟案，在軍事組織中，自證爰書亦藉由候官傳送，民政組織中則由縣廷負責，如〈建武三年十二月候粟君所責寇恩事〉一案，是由居延縣廷將候粟君之控告書傳至寇恩所屬之居延都鄉，都鄉嗇夫宮移送寇恩之自證爰書時，亦將其傳到居延縣廷，而不直接傳送甲渠候官。因此，邊塞軍事組織中的「部」，成爲爰書傳達時之最基層單位，而候長就負責調查案情及驗問被告，但不擔任論報的工作。因此，民政組織中的「鄉」與軍政組織中的「部」，在訴訟案的審理過程中，兩者扮演相同的角色。或疑漢代司法案件的審理機關中，邊塞軍政組織中的「候官」比於民政組織中的「縣廷」，擁有審理案件的權力，但「部」比於鄉，只爲協助辦理之機關。

至於不關訴訟案件的爰書，因居延漢簡出土地的限制，所見之傳送過程多爲甲渠候官所轄之部或隧上報者。不過其中的「秋射爰書」，因秋射成績事關受試者的賜奪勞日數，所以必須呈報至擁有賜奪勞權力之單位。漢代邊塞組織中以太守府掌管此事，故「秋射爰書」例應由候官傳至都尉府，再送至太守府，待其核定賜奪勞日數，遂由太守府將結果以文書傳達都尉府，最後下達候官並轉報受試者。「斥免官吏爰書」的傳達亦應類於秋射爰書，當候官

〔註4〕見李均明，〈居延漢簡債務文書述略〉，《文物》，1986年第11期，頁40。

接獲「部」所移之斥免官吏爰書，應再轉報於都尉府，由其裁斷之。另就其上報時間而言，因「秋射爰書」是在報告秋射賜奪勞不服者之申請案，故上報時間皆於秋射測試完畢之後，較有時間性的限制，其他種類的爰書，則係根據事發時間的不同而無時間性的呈報上級，不過亦有將爰書文件以月份為單位而歸整之需要，如居延漢簡 69.1 簡云：

●始建國四年正月驛馬病死爰書。〔註 5〕

簡文以「正月」為時間單位，彙整該月份內驛馬病死爰書之總數，應是作為上報之用。

再就訴訟程序方面而言，在告發方式上，睡虎地秦簡所見之告發方式有五種，即自訴、官告、自出、自告與賞告。對自訴一類來說，當被害人向官府提出控告時，睡虎地秦簡區分了「公室告」與「非公室告」，這樣的劃分是根據原告所告的犯罪行為屬於何種性質，與原告和被告屬於何種身分關係而定。此外，還有「家罪」一項，「家罪」是規定家人犯罪時家屬連坐情況的法律。當控告程序及條件具備後，官府便展開傳訊被告與進行審訊的程序，睡虎地秦簡所見官吏審訊被告的原則，雖認可笞打為獲取眞實供辭的手段，但強調的是從供辭中挑出疑點來詰問之。審訊的對象除被告與原告之外，通常會牽涉其他證人或必須蒐集證物，證據（包括人證、物證及官吏調查報告）成為斷案的主要依據。

秦律中規定官吏審訊被告時注重證人及證物的原則，在江陵張家山二四七號漢墓出土的〈奏讞書〉案例中，也反應出漢代承襲了此項優點，所謂「讞」者，即上報無法定罪之刑案，使上級機關定罪之意。歸類〈奏讞書〉的上讞方式，可分為幾種，如有縣上讞於郡或廷尉者，亦有郡上讞於廷尉者。〔註 6〕由〈奏讞書〉所見的訴訟程序，可知漢初司法審判過程有幾個階段，首先是以控告書所告之事訊問被告，被告回答通常以「某（即被告）曰」的形式記錄之。再則傳訊相關證人，證人之辭亦以「某曰」記錄之。驗問官吏根據所得供辭及證辭「詰問」被告，此時通常以律令之規定為依據來詰問被告，告知其行為已觸犯此律令，並以「何解」一語尋其解答。「詰問」的過程持續進

〔註 5〕 見勞榦，《居延漢簡・圖版之部》，（臺北：中央研究院歷史語言研究所，民國 66 年），圖版頁 96。

〔註 6〕 見《漢書・于定國傳》，（臺北：商務印書館，民國 70 年，臺五版）卷七一，頁 883，其云：「吏驗治，孝婦自誣服，具獄上府。……于公爭之弗能得，乃抱其具獄哭於府上」顏師古注曰：「具獄者，獄案已成，其文備具也」。

行，直到被告「毋解」或「毋它解」爲止。

審訊過程中另有「問」一項，「問」的內容爲「詰」問時未交代之事，蓋詰問以律令規定之事問其違法行爲，「問」之內容則爲官吏審訊後尚未明瞭之事，爲補充說明之意。官吏審訊完畢，遂「鞫」之，「鞫」的階段表示審訊程序已完畢，官吏歸納其結果，以「審」或「皆審」表示此結果乃經過法定的審訊過程所得。訴訟程序的最後一個階段是「報」，「報」指依律令論刑之意，即根據「鞫」後所得的罪行論以刑罰，而整個訴訟程序亦就此結束。但「報」之階段中另有「當」一事，所謂「當」亦指依律論刑，不過〈奏讞書〉的案例皆爲上讞者，故案例中的「當」雖表示依律論刑，卻是作爲提供上級論刑時的參考。

再就訴訟程序中產生的文書而言，控告書（居延漢簡稱爲「自言書」）爲首先出現的文書，亦是驗問被告的根據，而自證爰書就爲被告的申辯書。又因訴訟案必須經過審訊被告與原告的過程，因此爰書在此過程中扮演了雙方交互答辯的角色。最後又有劾狀，劾狀爲案件審理完畢之後所得之文書，它的出現表示司法審理的過程已經結束，因此內容中摘錄性的記錄了原告的控辭、官吏的審訊結果、所「鞫」被告之罪行及所「報」之罪刑。漢代司法稱「獄案已成，其文備具也」爲「具獄」，故「具獄」應爲獄案審理完畢後所成之文書，而劾狀即爲此也。又「獄案已具，當論法之，故封上」，〔註 7〕知獄案已成的文書需奏封並上報，破城子第六八號探方出土的劾狀簡，要由甲渠候官移往居延縣廷，此種作法似乎便是「封上」具獄文書之。

總之，「爰書」不論使用於訴訟程序中，或作爲下級官吏說明或證明某事之用，都有證明的性質，因此或可推論，當下級官吏需證明某事或上級要求其對某事提出解釋時，就會使用到爰書。

〔註 7〕見《漢書・杜周傳》，卷六〇，頁 754。其云：「每冬月封具獄日，常去酒省食」顏師古注曰：「獄案已具，當論法之，故封上」。

引用及參考書目

一、基本史料及史書

1. 王符，《潛夫論》，汪繼培箋，臺北：漢京文化事業，民國 73 年。
2. 王隆，《漢官解詁》，孫星衍輯，胡廣注，收於周天游點校，《漢官六種》，北京：中華書局，1990 年，第一版，頁 17 至 27。
3. 文化部古文獻研究室、中國社會科學院歷史研究所、甘肅省文物考古研究所、甘肅省博物館編，《居延新簡》，北京：文物出版社，1990 年，第一版。
4. 中國科學院考古研究所，《居延漢簡甲編》，北京：科學出版社，1959 年。
5. 中國科學院考古研究所，《居延漢簡甲乙編》，北京：中華書局，1980 年。
6. 王應麟，《漢制考》，臺北：商務印書館，民國 62 年。
7. 司馬彪，《續漢書》，志三十卷，劉昭注補，收於范曄，《後漢書》，臺北：商務印書館，民國 77 年，臺六版，據上海涵芬樓影印宋紹興本，原闕五卷，半借北平圖書館藏本補。
8. 司馬遷，《史記》，臺北：商務印書館，民國 77 年，臺六版，據上海涵芬樓影印南宋黃善本刻本。
9. 司馬遷，《史記》，瀧川龜太郎會注考證，臺北：宏業書局，民國 64 年，再版。
10. 甘肅居延考古隊簡冊整理小組，〈建武三年候粟君所責寇恩事〉簡冊圖版簡影，《文物》，1978 年第 1 期，頁 20 至 23。
11. 甘肅居延考古隊簡冊整理小組，〈「建武三年候粟君所責寇恩事」釋文〉，《文物》，1978 年第 1 期，頁 30 至 31。
12. 甘肅省文物考古研究所編，《敦煌漢簡》，北京：中華書局，1991 年，第一版。
13. 江陵張家山漢簡整理小組，〈江陵張家山漢簡《奏讞書》釋文〉（一），《文物》，1993 年第 8 期，頁 22 至 25。
14. 江陵張家山漢簡整理小組，〈江陵張家山漢簡《奏讞書》釋文〉（一），《文物》，1995 年第 3 期，頁 31 至 36。

15. 佚名，《漢官》，孫星衍輯，收於周天游點校，《漢官六種》，北京：中華書局，1990 年，第一版，頁 1 至 20。

16. 李悝，《法經》，黃奭輯，收入島田正郎主編，《中國法制史料》，臺北：鼎文書局，民國 71 年，初版，第二輯第二冊，頁 1 至 41。據黃氏逸書考本影印。

17. 汪之昌，《漢律逸文》，收於島田正郎主編，《中國法制史料》，第二輯第二冊，頁 693 至 705。據《青學齋集》，卷二四影印。

18. 李均明、何雙全，《散見簡牘合輯》，北京：文物出版社，1990 年。

19. 吳礽驤、李永良、馬建華釋校，《敦煌漢簡釋文》，甘肅：人民出版社，1991 年，第一版。

20. 沈家本，《漢律摭遺》，收於氏著《沈寄簃先生遺書》，北京：中國書店，1990 年，第一版。

21. 杜貴墀，《漢律輯證》，長沙，1899 年，收於田正郎主編，《中國法制史料》，第二輯第一冊，頁 471 至 584。據傅斯年圖書館藏本影印。

22. 范曄，《後漢書》，章懷太子賢注，臺北：商務印書館，民國 77 年，臺六版。據上海涵芬樓影印宋紹興本，原闕五卷，半借北平圖書館藏本補。

23. 范曄，《後漢書》，章懷太子賢注，王先謙集解，臺北：藝文印書館。

24. 吳丁孚，《漢儀》，孫星衍校集，收於周天游點校，《漢官六種》，頁 217 至 220。

25. 林梅村、李均明，《疏勒河流域出土漢簡》，北京：文物出版社，1984 年，第一版。

26. 周壽昌，《漢書注校補》，上海：商務印書館。

27. 《周禮》，十三經注疏三，臺北：藝文印書館，阮刻本影印，民國 82 年，十二刷。

28. 皇侃，《論語集解義疏》，臺北：世界書局，民國 52 年，初版。

29. 班固，《漢書》，顏師古注，臺北：商務印書館，民國 71 年，第五版。據上海涵芬樓借常熟瞿氏鐵琴銅劍樓藏北宋景祐刊本影印。

30. 班固，《漢書》，顏師古注，王先謙補注，臺北：藝文印書館。

31. 桓寬，《鹽鐵論》，王利器校注，臺北：世界書局，民國 51 年。

32. 徐天麟，《西漢會要》，臺北：世界書局，民國 52 年。

33. 徐天麟，《東漢會要》，臺北：世界書局，民國 52 年。

34. 崔適，《史記探源》，北京：中華書局，1986 年，第一版。

35. 孫楷，《秦會要》，施之勉、徐復同補訂，臺北：中華叢書委員會，民國 45 年。

36. 孫詒讓，《墨子閒詁》，臺北：商務印書館，民國 38 年。

37. 孫傳鳳，《集漢律逸文》，收於島田正郎主編，《中國法制史料》，第二輯第一冊，頁 707 至 717。

38. 陳壽，《三國志》，臺北：商務印書館，民國 77 年，臺六版。上海涵芬樓影印中華學藝社借照日本帝室圖書寮藏宋紹熙刊本，原闕魏志三卷，以涵芬樓藏宋紹興刊本配補。

39. 商鞅，《商君書》，朱師轍解詁，臺北：世界書局，民國 70 年，五版。

40. 郭嵩燾，《史記札記》，臺北：世界書局，民國 49 年。

41. 張文虎，《史記集解索隱正義札記》，臺北：鼎文書局，民國 67 年，初版。

42. 勞榦，《居延漢簡・圖版之部》，臺北：中央研究院歷史語言研究所，民國 66 年，再版，中央研究院歷史語言研究所專刊廿一。

43. 勞榦，《居延漢簡・圖版之部》，臺北：中央研究院歷史語言研究所，民國 75 年，再版，中央研究院歷史語言研究所專刊之四十。

44. 梁玉繩，《史記志疑》，臺北：學生書局，民國 59 年。

45. 楊樹達，《漢書窺管》，上海：古籍出版社，1984 年，第一版。

46. 程樹德，《漢律考》，自刊，1919 年，又商務印書館，1926 年出版；再收於氏著《九朝律考》，北京：中華書局，卷一，頁 11 至 191。

47. 張鵬一，《漢律類纂》，奉天，格致學堂，1907 年。收於島田正郎，《中國法制史料》，第二輯第一冊，頁 585 至 691。據傅斯年圖書館藏本排印。

48. 睡虎地秦墓竹簡整理小組編，《睡虎地秦墓竹簡》，北京：文物出版社，1990 年，第一版。

49. 管仲，《管子》，尹知章注，臺北：世界書局，民國 70 年，五版。

50. 《儀禮》，十三經注疏四，臺北：藝文印書館，阮刻本影印，民國 82 年，十二刷。

51. 《論語》，十三經注疏八，臺北：藝文印書館，阮刻本影印，民國 82 年，十二刷。

52. 衛宏，《漢官舊儀》，紀昀等輯，收於周天游點校，《漢官六種》，頁 29 至 59。

53. 衛宏，《漢舊儀》，孫星衍校，收於周天游點校，《漢官六種》，頁 61 至 111。

54. 劉珍，《東觀漢紀》，臺北：商務印書館，民國 64 年，四庫全書珍本。

55. 應劭，《漢官儀》，孫星衍校集，收於周天游點校，《漢官六種》，頁 119 至 198。

56. 錢大昕，《廿二史考異》，京都：中文出版社，1980 年。

57. 錢大昭，《續漢書辨疑》、《後漢書辨疑》，臺北：弘道文化事業，民國 62 年。

58. 薛允升，《漢律輯存》，1901 年以前成稿，收於島田正郎主編，《中國法制史料》，第二輯第一冊，頁 325 至 424。爲傅斯年古書館藏本影印，並經堀毅整理。

59. 謝桂華、李均明、朱國炤編，《居延漢簡釋文合校》，北京：文物出版社，1987年，第一版。
60. 《周禮》，十三經注疏五，臺北：藝文印書館，阮刻本影印，民國82年，十二刷。
61. 顧炎武，《日知錄》，黃汝成集釋，臺北：世界書局，民國80年，第八版。

二、一般論著

（一）中　文

1. 大庭脩著、林劍鳴等譯，《秦漢法制史研究》，上海：人民出版社，1990年。
2. 于豪亮，《于豪亮學術文存》，北京：中華書局，1985年。
3. 中國社會科學院歷史研究所戰國秦漢史研究室編，《簡牘研究譯叢》，第一輯，北京：中華社會科學出版社，1981年。第二輯，1983年。
4. 中華書局編輯部，《雲夢秦簡研究》，北京：中華書局，1981年。
5. 孔慶明，《秦漢法律史》，陝西：人民出版社，1992年。
6. 甘肅省文物考古研究所編，《秦漢簡牘論文集》，甘肅：人民出版社，1989年。
7. 甘肅省文物工作隊、甘肅省博物館，《漢簡研究文集》，甘肅：人民出版社，1984年。
8. 西嶋定生著、黃耀能譯，《白話秦漢史》，臺北：文史哲出版社，民國72年。
9. 安作璋，《秦漢官吏法研究》，濟南：齊魯書社，1993年。
10. 安作璋、熊鐵基，《秦漢官制史稿》，濟南：齊魯書社，1984年。
11. 杜正勝，《編戶齊民》，臺北：聯經出版社，民國79年。
12. 余宗發，《雲夢秦簡中思想與制度鉤摭》，臺北：文津出版社，1992年。
13. 邢義田，《秦漢史論稿》，臺北：東大圖書公司，民國76年。
14. 李學勤，《簡帛佚籍與學術史》，臺北：時報文話出版社，民國83年。
15. 李學勤主編，《簡帛研究》，第一輯，北京：法律出版社，1993年。
16. 吳福助，《睡虎地秦簡論考》，臺北：文津出版社，民國83年。
17. 吳樹平，《秦漢文獻研究》，濟南：齊魯書社，1988年。
18. 栗勁，《秦律通論》，山東：人民出版社，1985年，第一版。
19. 高敏，《雲夢秦簡初探》，河南：人民出版社，1978年。
20. 馬非白，《秦集史》，臺北：弘文館出版社，民國75年，初版。
21. 馬先醒，《居延漢簡新編》，臺北：簡牘學會，民國71年。
22. 高明士，《戰後日本的中國史研究》，臺北：東昇出版事業有限公司，民國

71年。
23. 徐富昌，《睡虎地秦簡研究》，臺北：文史哲出版社，1993年。
24. 崔瑞德、魯惟一主編，《劍橋中國秦漢史》，北京：中國社會科學出版社，1992年。
25. 陳直，《居延漢簡研究》，天津：古籍出版社，1986年。
26. 陳直，《史記新證》，天津：人民出版社，1979年。
27. 陳直，《漢書新證》，天津：人民出版社，1979年。
28. 陳槃，《漢晉遺簡識小七種》，臺北：中央研究院歷史語言研究所，民國64年，中央研究院歷史語言研究所專刊之六十三。
29. 堀毅，《秦漢法制史論考》，北京：法律出版社，1988年，第一版。
30. 陳光中、沈國峰，《中國古代司馬制度》，群眾出版社，1984年。
31. 許倬雲，《求古編》，臺北：聯經出版社，民國78年。
32. 陳夢家著、中國社會科學院考古研究所編輯，《漢簡綴述》，北京：中華書局，1980年。
33. 勞榦，《勞榦學術論文集甲編》，臺北：藝文印書館，民國65年。
34. 黃中業，《秦國法制建設》，瀋陽：遼寧書社，1991年，第一版。
35. 傅榮珂，《睡虎地秦簡刑律研究》，臺北：商鼎文化出版社，1992年。
36. 張晉藩、張希城、曾憲義編，《中國法制史》，北京：中國人民出版社，1981年。
37. 鄭良樹，《商鞅及其學派》，上海：古籍出版社，1989年，第一版。
38. 劉海年、楊一凡，《中國古代法律史知識》，黑龍江：人民出版社，1984年。
39. 羅振玉、王國維編，《流沙墜簡》，北京：中華書局，1993年。

（二）英、日文

1. A. F. P. Hulsewe‘ Remnants of Han Law, 1 Vol. Leiden, 1955.
2. A. F. P. Hulsewe‘ Remnants of Ch’in Law（Leiden, E. J. Brill）, 1985.
3. Michael Loewe Record of Han Administration, 2 Vols, The Cambridge University Press, 1967.
4. 大庭脩，《秦漢法制史の研究》，京都：創文社，1982年。

三、期刊論文

（一）中　文

1. 大庭脩撰、林劍鳴等譯，〈爰書考〉，收入大庭脩著、林劍鳴等譯，《秦漢法制史研究》，（上海：人民出版社，1990年），頁502至520。

2. 大庭脩撰、林劍鳴等譯，〈居延新出「候粟君所責寇恩事」冊書——爰書考補〉，收入大庭脩著、林劍鳴等譯，《秦漢法制史研究》，(上海：人民出版社，1990年)，頁521至541。

3. 永田英正著、孫言誠譯，〈試論居延漢簡所見的候官——以破城子出土的「詣官」簿爲中心〉，收入中國社會科學院歷史研究所戰國秦漢史研究室編，《簡牘研究譯叢》，第一輯，(北京：中國社會科學，1981年)，頁197至222。

4. 永田英正，〈「候史廣德坐罪行罰」檄考〉，收入李學勤主編，《簡帛研究》，第一輯，(北京：法律出版社，1993年)，頁177至183。

5. 永田英正撰、謝桂華譯，〈居延漢簡集成之二——破城子出土的定期文書(二)〉，收入中國社會科學院歷史研究所戰國秦漢史研究室編，《簡牘研究譯叢》，第二輯，(北京：中國社會科學出版社)，頁58至163。

6. 永田英正撰、陳鴻琦譯，〈試論居延漢簡中的「候官」——以破城子出土的「詣官」簿爲中心——〉，《簡牘學報》，第7期，1980年。

7. 田賢次郎撰、余太山譯，〈秦漢帝國的軍事組織〉，收入中國社會科學院歷史研究所戰國秦漢史研究室編，《簡牘研究譯叢》，第二輯，頁164至189。

8. 李均明，〈居延漢簡債務文書述略〉，《文物》，1986年第11期，頁35至41。

9. 李均明、劉軍，〈武威旱灘坡出土漢簡考述——兼論「挈令」〉，《文物》，1993年第10期，頁34至39。

10. 初師賓、蕭亢達，〈居延漢簡中所見漢代「囚律」佚文考－〈居延新簡「責寇恩事」的幾個問題〉的訂補〉，《考古與文物》，1984年第2期，頁96至100。

11. 初師賓、蕭亢達，〈居延新簡「責寇恩事」的幾個問題〉，《考古與文物》，1981年第3期，頁108至118。

12. 初師賓，〈漢邊塞守御器被考略〉，收入甘肅省文物工作隊、甘肅省博物館編，《漢簡研究文集》，(甘肅：人民出版社，1984年)，頁142至222。

13. 邢義田，〈秦漢的律令學——兼論曹魏律博士的出現〉，收入氏著《秦漢史論稿》，(臺北：東大圖書，民國76年)，頁248至316。

14. 邢義田，〈漢代的父老、僤與聚族里居——「漢侍廷里父老僤買田約束石券」讀記〉，收入氏著《秦漢史論稿》，(臺北：東大圖書，民國76年)，頁215至236。

15. 邢義田，〈從居延漢簡看漢代軍隊的若干人事制度——讀《居延新簡》札記之一——〉，《新史學》，第三卷1期，(1992年3月)，頁95至130。

16. 李學勤，〈論張家山二四七號墓漢律竹簡〉，收入氏著《簡帛佚籍與學術史》，(臺北：時報文化出版社，民國83年，初版)，頁208至215。

17. 李學勤，〈江陵張家山漢簡概述〉，收入氏著《簡帛佚籍與學術史》，頁 193 至 207。
18. 李學勤，〈「奏讞書」解說〉（上），《文物》，1993 年第 8 期，頁 26 至 31。
19. 李學勤〈「奏讞書」解說〉（下），《文物》，1995 年第 3 期，頁 37 至 42。
20. 李學勤，〈「奏讞書」初論〉，收入氏著《簡帛佚籍與學術史》，頁 216 至 227。
21. 何雙全，〈敦煌新出簡牘輯錄〉，收入李學勤主編《簡帛研究》，第一輯，頁 221 至 235。
22. 季勛，〈雲夢睡虎地秦簡概述〉，《文物》，1976 年第 5 期，頁 1 至 8。
23. 金燁，〈《秦簡》所見之「非公室告」與「家罪」〉，《中國史研究》，1994 年第 1 期。
24. 林甘泉，〈漢簡所見西北邊塞的商品交換和買賣契約〉，《文物》，1989 年第 9 期，頁 25 至 33。
25. 荊州地區博物館，〈江陵張家山三座漢墓出土大批竹簡〉，《文物》，1985 年第 1 期，頁 1 至 8。
26. 荊州地區博物館，〈江陵張家山三座漢墓出土大批竹簡〉，《文物》，1992 年第 9 期，頁 1 至 11。
27. 居延甘肅考古隊，〈居延漢代遺址的發掘與新出土的簡冊文書〉，《文物》，1978 年第 1 期，頁 1 至 11。
28. 吳師昌廉，〈居延漢簡所見之「簿」「籍」述略〉，《簡牘學報》，第 7 期，（1980 年），頁 157 至 163。
29. 吳師昌廉，〈秋射——兼論秋射與都試之異同〉，《簡牘學報》，第 11 期，（1985 年），頁 191 至 200。
30. 吳師昌廉，〈漢代邊塞「部」之組織〉，《簡牘學報》，第 11 期，（1985 年），頁 165 至 173。
31. 吳師昌廉，〈漢簡所見之候官組織〉，《簡牘學報》，第 11 期，（1985 年），頁 137 至 163。
32. 吳師昌廉，〈居延漢簡所見郡國縣邑鄉里統屬表〉，《簡牘學報》，第 7 期，（1980 年），頁 164 至 175。
33. 徐萍芳，〈居延考古發掘的新收獲〉，《文物》，1978 年第 1 期，頁 26 至 29、34。
34. 吳福助，〈「語書」論考〉，收入氏著《睡虎地秦簡論考》，（臺北：文津出版社，1994 年，第一版），頁 63 至 138。
35. 徐樂堯，〈漢簡所見邊郡軍事與民政系統的職權關係〉，收入李學勤主編，《簡帛研究》，第一輯，頁 173 至 176。

36. 俞偉超，〈略釋漢代獄辭文例——一份治獄材料初探〉，《文物》，1978 年第 1 期，頁 35 至 41、95。
37. 栗勁，〈秦律和罪刑法定主義〉，《法學研究》，1984 年第 3 期，頁 69 至 77。
38. 高敏，〈《秦律》所反應的訴訟、審訊和量刑制度〉，《鄭州大學學報》，1981 年第 3 期，頁 51 至 61。
39. 孫毓堂，〈西漢的兵制〉，《中國社會經濟史集刊》，第五卷第 1 期，（1937 年 2 月）。
40. 彭浩，〈江陵張家山漢墓出土大批珍貴竹簡〉，《江漢考古》，1985 年第 2 期，頁 1 至 3。
41. 彭浩，〈談「奏讞書」中的西漢案例〉，《文物》，1993 年第 8 期，頁 32 至 36。
42. 彭浩，〈談「奏讞書」中秦代和東周時期的案例〉，《文物》，1995 年第 3 期，頁 43 至 47。
43. 彭浩，〈秦「户律」和「具律」考〉，收入李學勤主編，《簡帛研究》，第一輯，頁 48 至 55。
44. 陳中龍，〈睡虎地秦簡所見之官嗇夫〉，國立中興大學歷史學研究所編，《中興史學》，創刊號，（1994 年 12 月），頁 1 至 22。
45. 陳仲安，〈關於「粟君責寇恩簡」的一處釋文〉，《文史》，第七輯，頁 285 至 287。
46. 連劭名，〈西域木簡所見《漢律》中的「證不言請」律〉，《文物》，1986 年第 11 期，頁 42。
47. 許倬雲，〈跋居延出土的寇恩爰書〉，收於氏著《求古編》，頁 607 至 617。
48. 陳祚龍，〈關於居延甲渠粟發與「客民」寇恩之辯訟及其「具獄」文書——雲樓校讀新近「出土」的簡牘札記之一——〉，《簡牘學報》，第 11 期，（1985 年），頁 17 至 21。
49. 陳鴻琦，〈前漢邊郡障塞兵器探微〉，《簡牘學報》，第 11 期，（1985 年），頁 235 至 257。
50. 勞榦，〈釋漢代之亭障與烽燧〉，收入氏著，《勞榦學術論文集甲編》，（臺北：藝文印書館，民國 65 年），頁 699 至 702。
51. 勞榦，〈從漢簡中的嗇夫令史候史和士吏論漢代郡縣吏的職務和地位〉，《中央研究院歷史語言研究所集刊》，第五十五本第一分，頁 9 至 22。
52. 勞榦，〈漢代的亭制〉，收入氏著，《勞榦學術論文集甲編》，頁 735 至 745。
53. 勞榦，〈漢簡中的河西經濟生活〉，收入氏著，《勞榦學術論文集甲編》，頁 511 至 525。
54. 勞榦，〈漢簡所見的邊郡制度〉，收入氏著，《勞榦學術論文集甲編》，頁

177 至 198。

55. 勞榦，〈漢代兵制與漢簡中的兵制〉，收入氏著，《勞榦學術論文集甲編》，頁 209 至 241。
56. 森鹿三撰、姜鎮慶譯，〈論居延簡所見的馬〉，收入中國社會科學院歷史研究所戰國秦漢史研究室編，《簡牘研究譯叢》，第一輯，頁 75 至 99。
57. 黃賢俊，〈對雲夢秦簡中訴訟制度的探索〉，《法學研究》，1981 年第 5 期，頁 54 至 58。
58. 張家山漢墓竹簡整理小組，〈江陵張家山漢簡概述〉，《文物》，1985 年第 1 期，頁 9 至 15。
59. 裘錫圭，〈新發現的居延漢的幾個問題〉，《中國史研究》，1979 年第 4 期，頁 103 至 110。
60. 魯惟一撰、孫曉卿、卜憲群譯，〈西北新近發現的漢代行政文書〉，收入李學勤主編，《簡帛研究》，頁 236 至 253。
61. 劉海年，〈秦漢訴訟中的「爰書」〉，《法學研究》，1980 年第 1 期，頁 54 至 58、10。
62. 劉海年，〈秦代法吏體系考略〉，《學習與探索》，1982 年第 2 期，頁 57 至 65、29。
63. 劉海年，〈文物中的法律史料及其研究〉，《中國社會科學》，1987 年第 5 期，頁 207 至 223。
64. 劉海年，〈雲夢秦簡的發現與秦律的研究〉，《法學研究》，1982 年第 1 期，頁 52 至 60。
65. 薛英群，〈漢簡官文書考略〉，收入甘肅省文物工作隊、甘肅省博物館編，《漢簡研究文集》，（甘肅：人民出版社，1984 年，第一版），頁 258 至 297。
66. 謝桂華，〈新舊居延漢簡冊書復原舉隅（續）〉，收入李學勤主編，《簡帛研究》，第一輯，頁 145 至 178。
67. 蕭亢達，〈「粟君所責寇恩事」簡冊考略〉，《文物》，1978 年第 1 期，頁 32 至 34。
68. 羅開玉，〈秦國鄉、里、亭新考〉，《考古與文物》，1982 年第 5 期，頁 77 至 82。

（二）日　文

1. 大庭脩，〈居延新出「候粟君所責寇恩事」冊書——爰書考補〉，收入氏著，《秦漢法制史の研究》，（京都：創文社，1982 年），頁 653 至 671。
2. 大庭脩，〈爰書考〉，收入氏著，《秦漢法制史の研究》，頁 626 至 647。
3. 角谷常子，〈居延漢簡にみえる賣買關係簡にっぃての一考察〉，《東洋史研究》，第五十二卷第四號，（平成六年三月），頁 548 至 565。

4. 角谷常子，〈漢代居延における軍政系統と県との関わりについて〉，《史林》，第七六卷一號，(1993 年 1 月)，頁 33 至 63。
5. 籾山明，〈爰書新探——漢代訴訟論のために——〉，《東洋史研究》，第五十一卷第三號，(平成四年十二月)，頁 307 至 348。

附　錄

一、新居延漢簡〈建武三年十二月候粟君所責寇恩事〉簡冊圖版簡影

——據甘肅居延考古隊簡冊整理小組，刊於《文物》，1978 年第 1 期，頁 20 至 23 影印

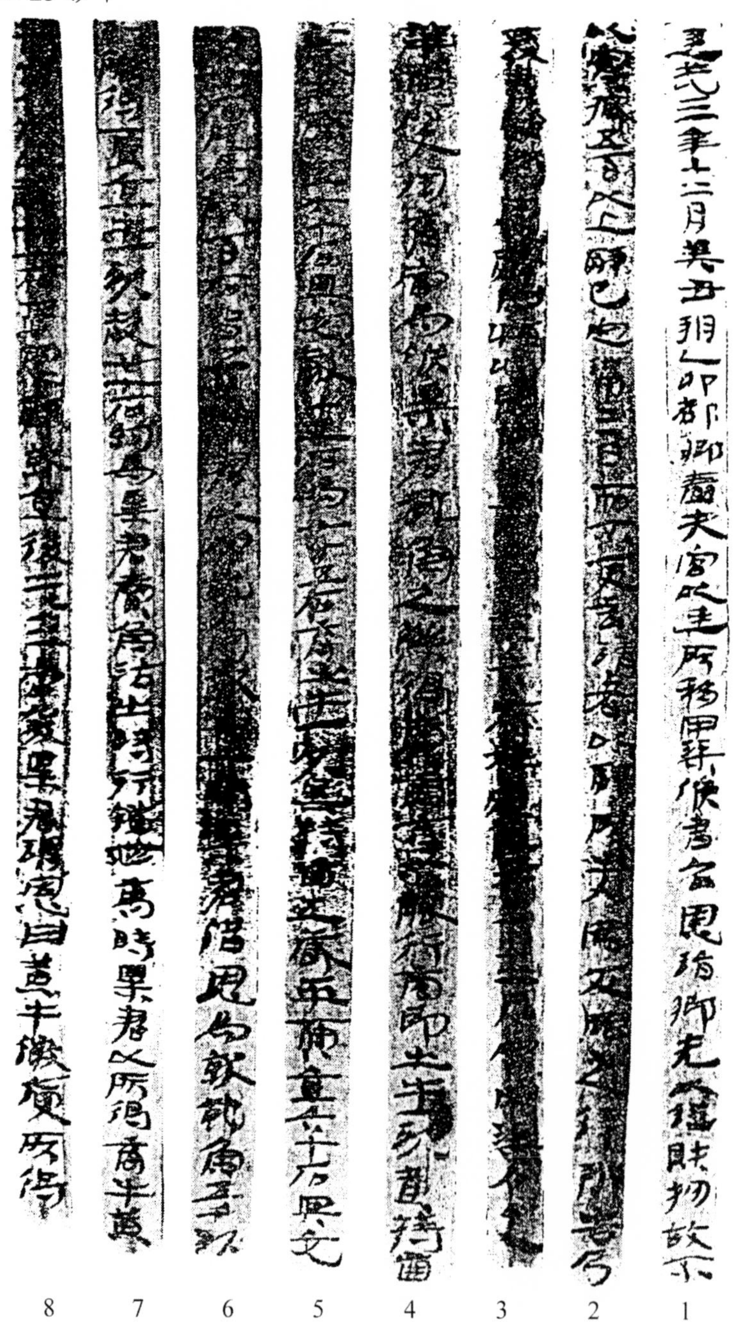

17 16 15 14 13 12 11 10 9

25 24 23 22 21 20 19 18

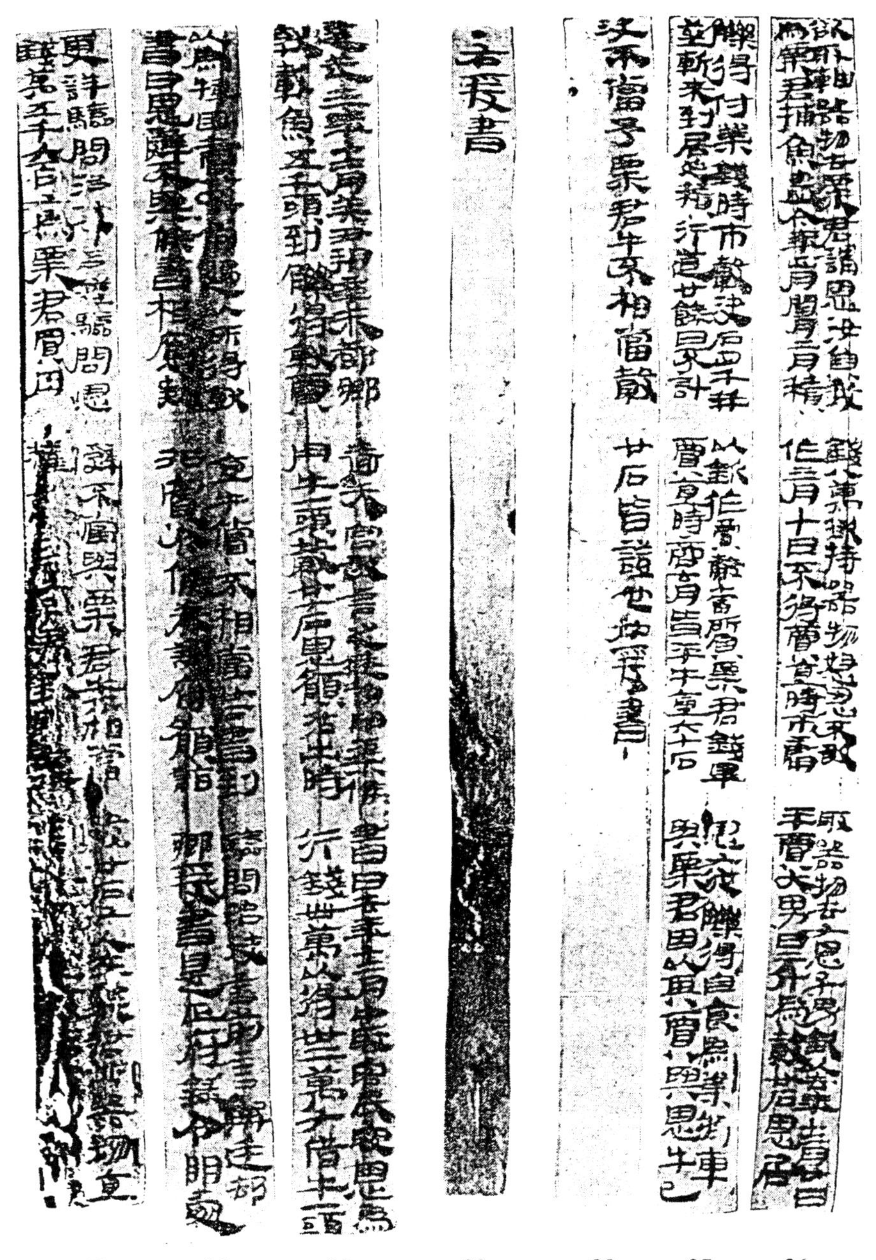
32
31
30
29
28
27
26

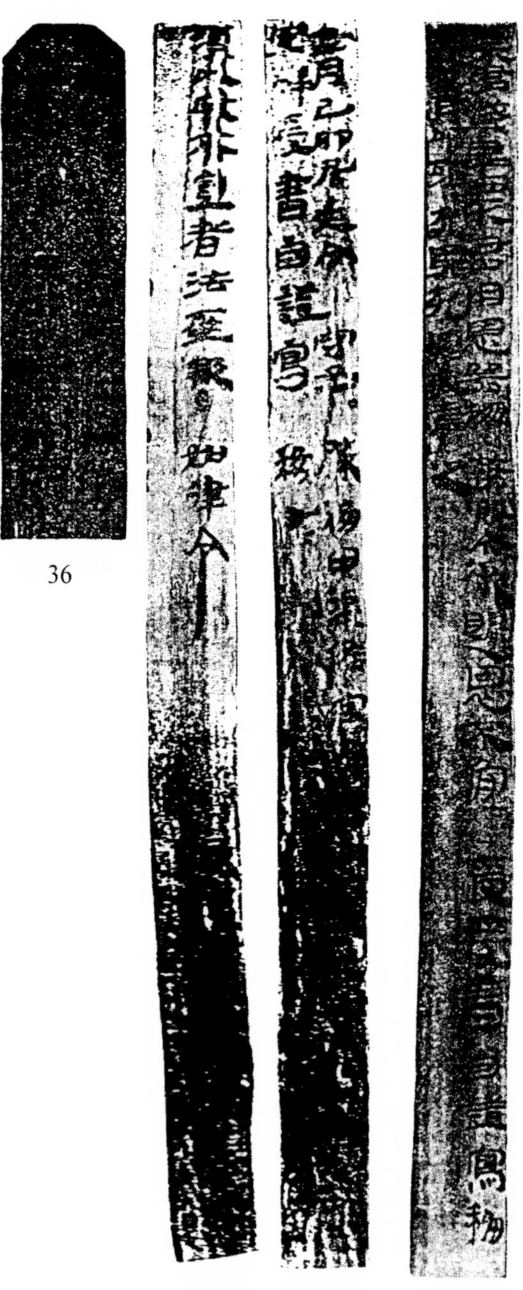

36　35　34　33

二、睡虎地秦墓竹簡〈封診式〉圖版簡影——據睡虎地秦墓竹簡整理小組編，《睡虎地秦墓竹簡》，圖版頁 69 至 77 縮小影印

九　八　七　六　五　四　三　二　一

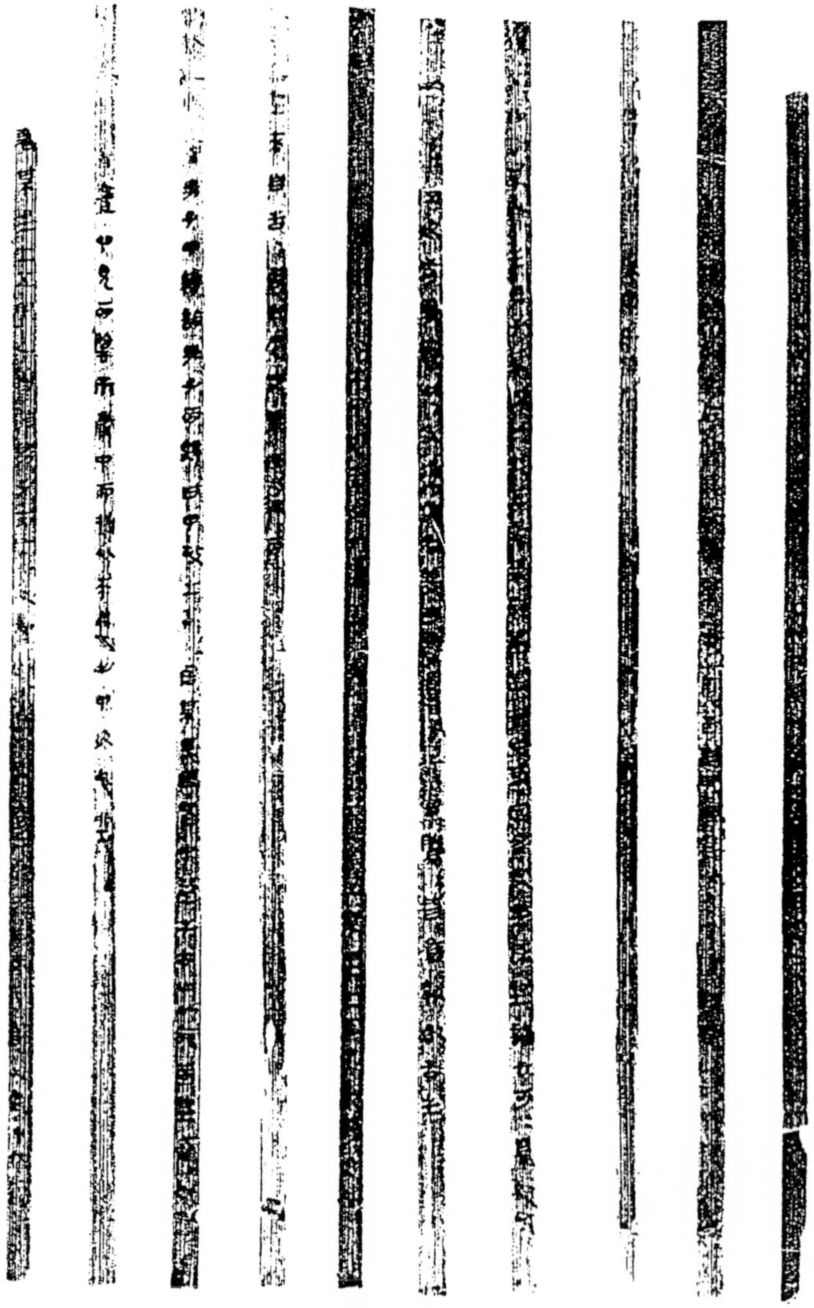

一〇　一一　一二　一三　一四　一五　一六　一七　一八　一九

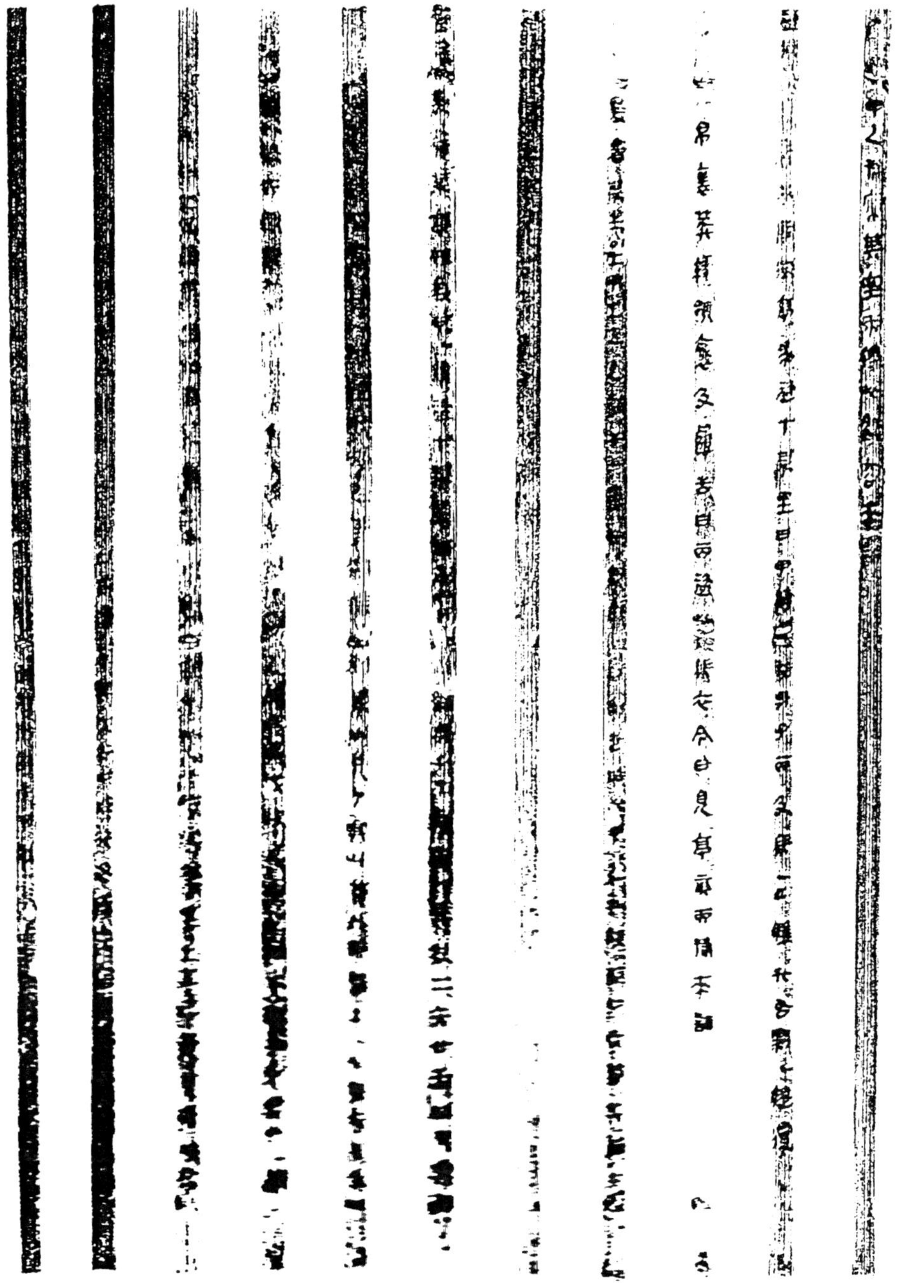

二〇　二一　二二　二三　二四　二五　二六　二七　二八　二九　三〇

四一　四〇　三九　三八　三七　三六　三五　三四　三三　三二　三一

四二

四三

四四

四五

四六

四七

四八

四九

五〇

五一

五二

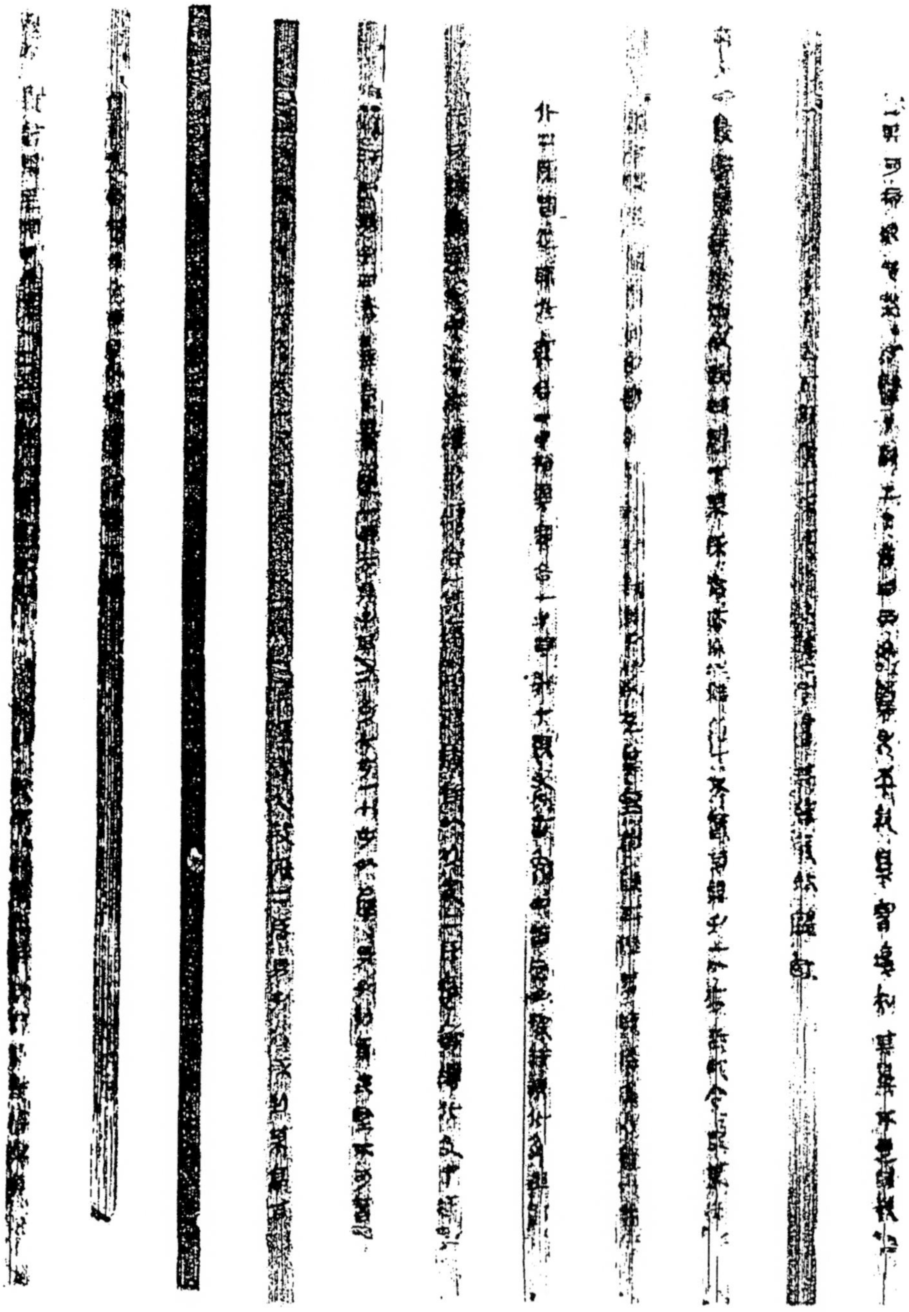

五三 五四 五五 五六 五七 五八 五九 六〇 六一 六二 六三

六四

六五

六六

六七

六八

六九

七〇

七一

七二

七三

七四

七五 七六 七七 七八 七九 八〇 八一 八二 八三 八四 八五

八六

八七

八八

八九

九〇

九一

九二

九三

九四

九五

九六

九九

九八背

九八正

九七

三、江陵張家山二四七號漢墓〈奏讞書〉部份圖版簡影——據《文物》，1993 年第 8 期，圖版參影印

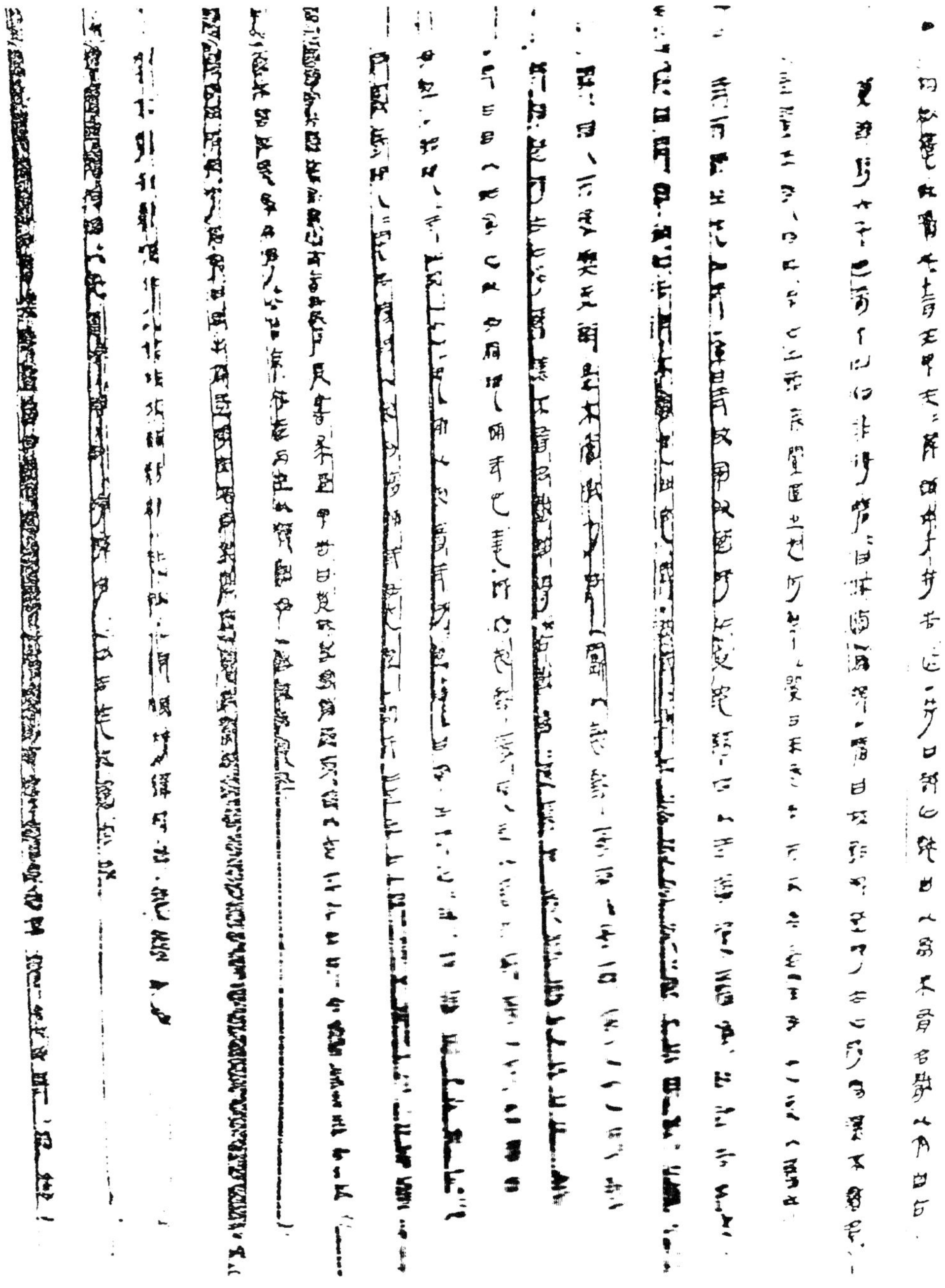